U0644612

北京三联韬奋书店

24小时书店

三联韬奋24小时书店诞生记

樊希安　编

生活·讀書·新知　三联书店

Copyright © 2014 by SDX Joint Publishing Company.
All Rights Reserved.

本作品版权由生活·读书·新知三联书店所有。
未经许可，不得翻印。

图书在版编目（CIP）数据

三联韬奋24小时书店诞生记／樊希安编．—北京：生活·读书·新知三联书店，2014.8
　ISBN 978-7-108-05085-4

Ⅰ．①三…　Ⅱ．①樊…　Ⅲ．①书店-历史-北京市
Ⅳ．① G239.23

中国版本图书馆 CIP 数据核字（2014）第 148973 号

责任编辑　鞠晓辉
装帧设计　蔡立国
责任印制　卢　岳
出版发行　生活·讀書·新知 三联书店
　　　　　（北京市东城区美术馆东街 22 号 100010）
网　　址　www.sdxjpc.com
经　　销　新华书店
印　　刷　北京市松源印刷有限公司
版　　次　2014 年 8 月北京第 1 版
　　　　　2014 年 8 月北京第 1 次印刷
开　　本　635 毫米 × 965 毫米　1/16　印张 18.75
字　　数　223 千字　图 83 幅
印　　数　00,001-10,000 册
定　　价　40.00 元
（印装查询：01064002715；邮购查询：01084010542）

目　录

写在前面的话

一、总理贺信

二、见证者言

三、评论文章

四、媒体关注

写在前面的话

三联书店开办三联韬奋 24 小时书店之初衷，即是着眼社会公益，在京城打造一处"深夜书房"，为读者夜读提供便利，让更多的人读书求知、向善向上。这是秉承三联先辈韬奋先生"竭诚为读者服务"的教诲，也是想为推进全民阅读尽一点我们的责任。

今年 1 月 17 日，国务院总理李克强在中南海主持召开座谈会，听取教育、科技、文化、卫生、体育界人士和基层群众代表对《政府工作报告（征求意见稿）》的意见和建议，我作为参会的10 位代表之一向总理提出建议，希望国家能够深入持久地倡导全民阅读活动，请总理在推动全民阅读立法方面给予大力支持。今年《政府工作报告》首次写入"倡导全民阅读"，对广大出版工作者有极大的鼓舞作用，催生了许多人参与和推进全民阅读的积极性。创办三联韬奋 24 小时书店就是我们三联人的一个实际行动。说干就干，春节后我们对韬奋书店原有格局进行调整，4 月 8 日试运营，4 月 18 日正式营业，4 月 23 日举行揭牌仪式，经过短短两个月筹办，北京首家全天候营业的 24 小时书店诞生了。

三联韬奋 24 小时书店受到来自社会各方面的点"赞"。李克强总理在致三联韬奋书店员工的信中说，为读者提供"深夜书房"，这很有创意，是对"全民阅读"的生动践行。读者用"一盏灯点亮一座城市"来形容书店的功能，更用前来亲身阅读体验的实际行动，让"夜读"成为一道亮丽的文化风景。新闻媒体广泛关注，使 24 小时书店的诞生成为一大社会文化事件。而它的直接引领作用，体现在北京、杭州、西安、郑州、南京、青岛等地一批 24 小时书店的开办，以及书店营业时间的延长、各种读书活动的举办，对一些地方的全面阅读活动产生积极的影响。如今三联韬奋 24 小时书店已运营两个半月，在获得良好社会效益的同时，也大幅提升了经济效益。24 小时书店开办前日均营业收入 2.86 万元，开办后达到 6.92 万元（24 小时合计），增长 142%，营业收入和利润都实现了意想不到的增长。这一经营成果证明三联韬奋 24 小时书店建立在读者需求基础之上，是具有旺盛生命力的。

《三联韬奋 24 小时书店诞生记》分为总理贺信、见证者言、评论文章、媒体关注、读者心语五部分，全面反映了创办历程、来自各方面的关心和鼓励，以及源自广大读者的心声。这本书有"立此存照"、作为纪念的意思，更是想把它作为一个新的起点，鞭策三联人把这盏引导阅读的明灯长久地点亮下去，努力去实现李克强总理的嘱托，把 24 小时不打烊书店打造成为城市的精神地标。也给想了解三联韬奋 24 小时书店"前世今生"的读者提供阅读文本的便利。

爱生活、好读书、求新知，三联人常用这三句话和读者共勉。推动全民阅读，我们要做的事情还有很多，在办好三联韬奋 24 小时书店、三联韬奋图书馆、读者俱乐部，为读者提供阅读便利的同时，我们还要坚守"一流新锐"的标准，多出好书、好刊，为读者提供更多更好精神食粮。好读书重要，读好书更重要，为读者出版好书好作品，是中国出版工作者肩头的责任。我们三联人愿意和广大读者携手前行，为促进全民阅读、建设书香社会、推动社会文明进步而努力。

生活·读书·新知三联书店总经理　樊希安

2014 年 6 月 23 日

一、总理贺信

中华人民共和国国务院

北京三联韬奋书店全体员工：

　　来信收悉。获知你们于近日创建 24 小时不打烊书店，为读者提供"深夜书房"，这很有创意，是对"全民阅读"的生动践行，喻示在快速变革的时代仍需一种内在的定力和沉静的品格。阅读能使人常思常新。好读书，读好书，既可提升个人能力、眼界及综合素质，也会潜移默化影响一个人的文明素养，使人保持宁静致远的心境，砥砺奋发有为的情怀。

　　读书不仅事关个人修为，国民的整体阅读水准，也会持久影响到整个社会的道德水平。希望你们把 24 小时不打烊书店打造成为城市的精神地标，让不眠灯光陪护守夜读者潜心前行，引领手不释卷蔚然成风，让更多的人从知识中汲取力量。

李克强

2014 年 4 月 22 日

李克强总理致北京三联韬奋书店全体员工的信

附：致李克强总理的信

尊敬的李克强总理：

您好。

您在今年的《政府工作报告》中首次提出"倡导全民阅读"，将全民阅读上升为"国家行动"，为全民阅读活动在全社会的深入开展催生了新局面。广大出版工作者在推进全民阅读中负有义不容辞的责任。为了以实际行动响应您在《政府工作报告》中的号召，在推动全民阅读活动方面起示范作用，我们三联书店在原北京三联韬奋书店的基础上创办北京首家24小时书店。书店面积1500平方米，图书品种8万种，24小时全天候营业，以韬奋先生倡导的"竭诚为读者服务"为宗旨，践行服务精神，突出公益性，旨在为夜晚购书、阅读的读者提供一块"阅读的绿洲"和"精神的净土"，给愿意到公共场所挑灯夜读的人打造"深夜书房"。非常可喜的是，从4月8日夜到4月16日夜八晚试运营效果良好，每晚平均售书251笔，销售额达到2.87万元。同时也拉动了白天的销售，试营业期间白天平均销售额为4.6万元，比日常销售增长55.56%。更为可喜的是，午夜这一时段来购书、读书的全是年轻人。年轻人爱读书，我们社会就有希望。今天凌晨1点，我到书店转了转，尚有47名读者，年龄段在20-30岁之间。读者流的不断递增和年轻人的阅读激情，使我们看到了读者潜在的需求，更加坚定了办好书店的信心。三联书店创办24小时书店受到了媒体和社会各界的广泛关注，成为广为议论的"文化热点"。有的读者说我们"一盏灯点亮一座城市"，有的说我们"给年轻人的夜生活增添了文化色彩"，有的说"三联有文化担当文化坚守"等等，这些赞誉是对我们的激励。经过试运营期间的不断改进，目前已经具备了正式开业的条件，我们拟在4月23日世界读书日上午十时举行开业仪式。从此之后，您曾经光临过的三联韬奋书店将24小时全天候营业，成为北京一道亮丽的文化风景线，成为首都一盏引导阅读的明灯。我们将不断创新经营模式，努力提高服务质量，围绕读书组织丰富多彩的文化活动，把24小时书店长期持久地开办下去，在国家扶持实体书店利好政策的支持下，获取两个效益双丰收。

总理非常关心我们三联书店，多有鞭策和鼓励。三联书店八十年店庆时，总理在写给我们的贺信中说："生活中不能没有读书，读书总会得到新知，即便是温故亦可知新。希望三联书店秉持传承，面向未来，努力打造读者喜爱、积淀深厚的百年文化品牌。"今年1月17日我参加您召开的座谈会，您叮嘱我要珍爱三联这一著名出版品牌多出好书。三联人牢记总理的嘱托，决心多出好书好刊，为读者提供优质精神食粮，同时办好旗下的三联韬奋24小时书店、韬奋图书馆和读者俱乐部，为全民阅读提供良好的活动场所，利用多种形式助推和引导全民阅读活动，为提高全民素质和促进社会文明进步作出新贡献。

在三联韬奋24小时书店即将正式开业之际，特代表三联同仁向总理致信报告筹办情况，一起分享初试成功的喜悦，期盼得到总理的指示和教诲。

　　顺祝

春安

生活·读书·新知三联书店总经理

樊希安

2014 年 4 月 18 日谨呈

二、见证者言

中宣部副部长吴恒权（前排左三），国家新闻出版广电总局党组书记蒋建国（前排右二），著名作家王蒙（前排右三），北京市委常委、宣传部长李伟（前排左二），中国出版集团总裁谭跃（前排右一），三联书店总经理樊希安（前排左一）为三联韬奋24小时书店揭牌。

三联韬奋 24 小时书店开业仪式现场，中国出版集团公司副总裁李岩主持仪式。

中宣部副部长吴恒权（左三），国家新闻出版广电总局党组书记蒋建国（左一），中央文资办主任王家新（左四）等领导在三联书店总经理樊希安（左二）陪同下视察北京三联韬奋24小时书店。

中宣部副部长吴恒权（左二），国家新闻出版广电总局党组书记蒋建国（左一），中央文资办主任王家新（左三），中国出版集团公司总裁谭跃（右二），国家新闻出版广电总局出版管理司司长吴尚之（右一）在三联韬奋24小时书店挑选图书。

三联书店领导班子成员在三联韬奋24小时书店开业仪式上合影：
樊希安（左三）、李昕（右三）、潘振平（左二）、
翟德芳（右二）、常绍民（右一）、张作珍（左一）

三联生活周刊
三联生活周刊
不止是吃货指南，是节令和食材里的饮食美学
春宴
三联生活周刊
中国人的心灵故乡
腾冲
值得一生珍藏的文化风景

窗里窗外

为三联韬奋 24 小时书店点个"赞"

—— 在三联韬奋 24 小时书店开业仪式上的致辞

国家新闻出版广电总局党组书记 蒋建国
（2014 年 4 月 23 日）

习总书记当年到陕北插队时，留给乡亲们的最深印象是：爱读书。苏轼说，孔子圣人，其学必始于观书。我想，不仅党的总书记如此，我们党员和干部也如此，不仅大圣人如此，我们普通人也如此，学无不始于观书。因为只有读书，才可以求知、增智、助行、悦情、明道，才可以成其学、立其德、建其功，或较好地解决吃饭穿衣、做人处世问题乃至人的全面发展问题。

何时好读书？时时好读书。最好读书时，我的体会是夕阳西下时、明月当空时、灯火阑珊时、夜深人静时。

何处好夜读？处处好夜读。最好夜读处，我的感觉是书垒成壁处、书友为伴处、书香弥漫处、阅购两便处。

可将斯时斯地融为一体者，唯有夜晚的书店。三联韬奋 24 小时书店，就是这般令人向往、令人惊喜的书店。在这里，有一种慢下来、静下来、沉下来的读书气场，让人能触摸薄薄的纸张、品吸淡淡的墨香、感受漫漫的夜光，给人宁静与温馨、安心与踏实、幸福与美好。对此，李克强总理亲自致信给予关怀和鼓励，希望这不眠灯光使人保持宁静致远的心境，陪护守夜读者潜

国家新闻出版广电总局党组书记　蒋建国

心前行。这里，我们也要为三联韬奋书店点个"赞"！

书店作为传播文化的重要场所，是人们文化生活的重要组成部分，承载着一个地方、一座城市乃至一个国家和民族的文化变迁和记忆。在互联网逐渐改变人们读书和购书方式的今天，书店还能继续存在吗？还能继续成为城市文化符号、精神地标，融入人们的生活中、留在人们的记忆里吗？三联韬奋书店的实践证明，只要坚持服务读者的宗旨，创新服务读者的方式，答案就是肯定的、明确的。

有读者才有书店，无读者书店何存？长期以来，我们一些国有书店始终去不掉那种"我卖你买，我爱卖不卖，管你买不买"的官商习气。而此时，互联网和移动终端阅读已是无所不在，电子书内容已是无所不有，网上购书已是无所不能。在这种对比下，人们还愿意光顾书店吗？书店要给人们一个理由，更要给自己一个理由。这个理由就是：优质产品、优质服务。

提供优质产品，就必须深入研究人们的阅读需求、阅读特点和阅读规律，精心挑选和推介那些传播先进文化、弘扬优秀传统，可以增知益智、用以修身助行的好书，让每个读者找到好书，让每本好书找到读者，让每一个走进书店的人享受到属于他的阅读快乐，寻找到属于他的精神家园。

提供优质服务，就必须充分开发书店多种功能，把书店建成综合的、大众的文化生活场所，提高附加值，增强吸引力，让人们在这里不仅可以读书、购书，还可以参加评书、荐书等多种读书延伸活动，找到一个心灵的栖息之所和精神的激扬之地。其中，书店24小时不打烊还只是延长了服务时间，重要的是必须心甘情愿地当好"跑堂"的、"打杂"的"店小二"，让来这里的人们享受到温暖、感受到尊严。

今天，我们都有个伟大的梦想，这就是习总书记提出的实现国家富强、民族振兴、人民幸福，实现中华民族伟大复兴的中国梦。小小书店里的灯光，可以点亮这个伟大的梦想；无数灯光下的人们，可以托起这个伟大的梦想。只要我们坚持不懈地倡导人们"爱读书"，始终如一地服务人们"读好书"，润物无声地引导人们"善读书"，中华民族就一定能够沿着中国道路"追梦"前行，就一定能够弘扬中国精神"逐梦"奋进，就一定能够凝聚中国力量"圆梦"成真！

以书为命　以书为友

——在三联韬奋24小时书店开业仪式上的致辞

原文化部部长、著名作家　王　蒙

（2014 年 4 月 23 日）

在这个世界读书日，由历史悠久、源远流长、享誉甚广的三联书店旗下的韬奋书店举行 24 小时阅读和营业书店的启动仪式，是很有意义的。三联书店、韬奋书店也深深受到了我们的读者、作者的欢迎和尊敬。现在这方面又有了新的创举，而且得到了国务院主要领导同志的鼓励，我也觉得非常高兴。

最近我有时候参与或观看一些电视里知识竞赛的节目，使我们看到了另外一面，还是有许多的年轻人甚至于少年儿童热爱读书，以书为命、以书为友，知识也相当的丰富。我们国家读书的种子是不会灭绝的，是会一代一代传下去的。我也觉得更好的是：读书所带来的好的效果不仅仅是读一本书获得的知识和信息，而且还影响着我们整个社会的氛围、心态、精神状态。毕竟是书读得多一些，人会显得更加文明。文明应该战胜野蛮，理性应该战胜一时的冲动。对于知识和真理的追求应该战胜仅仅对于物欲和表面得失的计较。

现在由于网络购书极大的便捷性，因此实体书店受到很大的冲击、很大的挑战。正是这样，我相信像三联韬奋书店一样，很

原文化部部长、著名作家　王蒙

多实体书店正在积极地发展，回应这样一个挑战，使我们实体书店的环境更加优美，服务更加丰富，使我们的实体书店成为文化地标，成为文化的场，成为文化的沙龙，人们愿意到实体书店来，我认为还是大有前途的。就跟餐馆一样，你如果仅仅是吃饭的话，可以订餐，也可以雇厨师到家里做菜。好的餐馆不仅仅有好的菜肴，而且有好的环境、好的服务、好的气氛，我相信我们的书店也是大有可为的。人的生活中如果没有书店是相当悲哀的一件事。

我希望，三联书店的韬奋书店越办越好。我希望北京出现越来越好的书店，这是我们大家的福气。

培育城市美丽阅读空间

——在三联韬奋24小时书店开业仪式上的致辞

北京市委常委、宣传部长　李　伟

（2014 年 4 月 23 日）

　　今天是第 19 个世界读书日，我们在这里举行三联韬奋书店的 24 小时书店开业挂牌仪式，这意味着北京拥有了第一家真正意义上的全天候经营的书店，也标志着北京在倡导全民阅读、完善公共文化服务体系方面迈出了新的一步。我代表市委、市政府，对三联韬奋书店表示衷心的祝贺！

　　北京作为全国文化中心，肩负着传承、弘扬优秀文化的使命。实体书店是城市文化基础设施的重要组成部分，它承载着城市的历史记忆，弘扬着城市的人文底蕴，营造着城市的文化氛围。三联书店是一家有着悠久历史的著名出版社，多年来秉承了"竭诚为读者服务"的宗旨，受到业界的广泛赞誉。三联韬奋书店作为去年北京地区获得中央财政支持的五家实体书店之一，敢于创新经营理念，积极转变经营模式，以"24 小时不打烊"架起了一座书籍与市民之间的文化桥梁，营造了新型的城市文化空间，为广大市民提供了优质的阅读体验场所，让更多的读者享受到触摸书本的乐趣、体验到置身书香世界的惬意，很好地发挥了实体书店的文化服务功能，对促进首都全民阅读和文化繁荣有着重要的现实意义和示范作用。

北京市委常委、宣传部长　李伟

推动包括实体书店在内的公共文化基础设施建设，是北京发挥全国文化中心示范作用、建设中国特色社会主义先进文化之都的重要内容。北京的实体书店也要积极主动地分析当前行业形势，尊重市场规律，充分调研读者需求，努力丰富经营模式，走专业化、特色化、体验化发展道路，充分发挥引导读者兴趣、培养阅读习惯、开启知识之门、愉悦身心、交流互动的重要作用。

三联韬奋 24 小时书店的挂牌是一个契机、一个起点。昨天，李克强总理给书店职工写了回信，强调要打造"城市的精神地标"。这既是对书店寄予的厚望，也是对我们工作提出的要求。我们一定要落实李克强总理的指示，为书店的发展壮大提供支持、提供便利。希望书店能够充分利用地缘优势和品牌影响力，积极探索，勇于创新，培育城市美丽阅读空间，为全市乃至全国实体书店经营发展创造经验。希望书店把自身发展与培育和践行社会主义核心价值观结合起来，引导读者阅读健康向上的优秀作品，真正发挥好读书烛照心灵、陶冶情操、传递正能量的作用。

最后，预祝书店越办越红火！

它的精神能量是长期的、显著的

——在三联韬奋 24 小时书店开业仪式上的致辞

中国出版集团公司总裁 谭 跃
（2014 年 4 月 23 日）

24 小时书店是我们三联改革发展工作的一项创新。今天大家的光临，是对这一创新的肯定和赞许。我代表中国出版集团感谢各位领导的关心，感谢各位来宾的支持，也感谢三联同志们的创意和努力。

24 小时书店是中国出版业的一个典型，典型的定义在于典型的环境之中。当今世界全球化的浪潮波澜壮阔，各个国家，特别是各个大国合作中竞争、竞争中发展的景观此起彼伏。在这一大潮中，中国迅速崛起，正在接近世界舞台的中心。越是如此，中国人就越是感到，民族的觉醒决定于国民观念和思想的觉醒，国家的崛起决定于国民文化素质和精神信仰的塑造。社会的现代化核心是人的素质现代化，国家的竞争力核心是人的素质竞争力，而人的素质离不开阅读。

三联的 24 小时书店就是想成为国民素质的一方精神和文化的园地。它虽然不大，但社会影响和行业示范作用不小，它虽然刚刚诞生，但将产生的精神能量一定会是长期的、显著的。顺势者昌。相信三联 24 小时书店一定会在城市化、信息化和知识化的大势中，越办越有需求、越有特点、越有影响，为中国梦和文化强国的实现做出文化和精神性的贡献。

中国出版集团公司总裁　谭跃

让一盏灯点亮一座城市

在三联韬奋 24 小时书店开业仪式上的致辞

三联书店总经理、三联韬奋书店董事长　樊希安
（2014 年 4 月 23 日）

今天我们在这里隆重举行三联韬奋 24 小时书店开业揭牌仪式，从此之后，在北京就有了首家 24 小时不打烊书店。各位领导、各位嘉宾、各位朋友前来祝贺和共襄盛举，请允许我代表三联书店、三联韬奋 24 小时书店全体员工，向大家的到来表示热烈的欢迎和衷心的感谢。

三联韬奋 24 小时书店为三联书店的全资子公司，是在 1996 年创办的三联韬奋图书中心（2010 年转制为韬奋书店有限公司）基础上拓展创办的，经营面积 1500 平方米，图书品种 8 万种，和 "雕刻时光" 咖啡馆联动经营，满足读者 24 小时购书、阅读、餐饮、购物、休闲等各种活动。创办京城首家 24 小时书店，主要有这样几点考虑：一是今年《政府工作报告》首次写入 "倡导全民阅读"，将全民阅读上升为 "国家行动"，广大新闻出版工作者在推进全民阅读中有义不容辞的责任。三联书店作为著名出版品牌，应该在推进全民阅读中起带头和示范作用，不仅要多出好书，为人们的阅读提供更多的选择，还要用力所能及的方式，为读者的阅读创造条件，满足人们的不同阅读需求。二是践行韬奋

三联书店总经理、三联韬奋书店董事长 樊希安

先生倡导的服务精神，竭诚为读者服务，为读者提供热心、周到、详尽的服务。韬奋先生最为看重服务精神，他说，为读者服务要"竭心尽力"，"诚心恳意"，"尽我们的心力做去，以最诚恳的心情做去"，他要求店员："服务不仅仅是替人做事，而且要努力把事情做得好。所以我们不但要做事，而且要做得诚恳、热诚、周到、敏捷、有礼貌"等等。而且这种服务是无条件的、不计报酬的。我们开办24小时书店，秉持三联传统，着眼社会公益，旨在为读者夜晚购书、阅读提供一块"阅读的绿洲"、"精神的净土"，给愿意到公共场所挑灯夜读的人打造一处"深夜书房"。三是在国家出台相关政策扶持实体书店的利好形势下，我们决心尝试创新经营模式，拓展经营范围，提高经营水平，为书店注入新的生机和活力。开办24小时书店，不仅仅是经营时间的延伸和拉长，更是企业升级换代转型的一个契机。我们决心以此为起点，建立新的运营机制和激励机制，紧密结合读者的需要提高服务质量，提升管理水平，提高企业的运营能力、盈利能力、抵御风险的能力，获得两个效益双丰收。我们的着眼点是社会公益，着力点是搞好经营，通过自身努力为实体书店的生存发展闯出一条新路。可喜的是，我们的愿望在一步步变为现实。从4月8日夜到4月16日夜，八晚试运营效果良好，每晚平均售书251笔，销售额达到2.87万元。同时也拉动了白天的销售，试营业期间白天平均销售额为4.6万元，比日常销售增长55.56%。更为可喜的是，午夜12点之后至天亮这一时段来购书读书的全是年轻人。年轻人爱读书，我们国家就有希望。读者流的不断递增和年轻人的阅读激情，使我们看到了读者潜在的和现实的需求，更加坚定了办好24小时书店的信心。三联书店创办24小时书店受到了媒体和社会各界的广泛关注，成为广为议论的"文化热点"。一位年轻读者说三联韬奋书店"一盏灯点亮一座城市"；央视节目主持人海霞说我们"给年轻人的夜生活增添了文化色彩"；台湾资深出版人王承惠说："现在开办实体书店已很不易，开办24小时书店更需要决心和勇气。令人敬佩"。原生活书店总经理徐伯昕的外孙女徐虹说："听说三联开办24小时书店很激动、很兴奋，外公地下有知，也会很高兴的。"李克强总理在世界读书日前夕，给三联韬奋书店全体员工回信，指出"创建24小时不打烊书店，为读者提供'深夜书房'，这很有创意，是对'全民阅读'的生动践行。"这些赞誉和肯定是对我们的激励和鞭策。我们将努力提高服务质量，围绕读书组织丰富多彩的文化活动，把24小时书店长期持久地开办下去，使之成为北京一座"精神地标"，成为首都一盏引导阅读的明灯。

长期以来，三联书店在发展中得到了中央宣传部、国家新闻出版广电总局、财政部文资办、北京市和中国出版集团各位领导以及社会各界的关心、支持和帮助，得到了广大作者、读者朋友的关心、支持和帮助，得到了媒体界朋友们的关心、支持和帮助，此次创办三联韬奋24小时书店，更是得到大家的关注指导、鞭策激励和齐力推进，值此开业之际，再次致以深深的谢意！我们决心不负领导和朋友们的厚望，坚守文化定力和文化品位，勇于文化担当，坚持多出好书好刊，为读者提供优质精神食粮，同时办好旗下的三联韬奋24小时书店、韬奋图书馆和读者俱乐部，为全民阅读提供良好的活动场所，利用多种形式助推和引导全民阅读活动，引领手不释卷蔚然成风，让更多的人从知识中汲取力量，为提高全民素质和促进社会文明进步作出新贡献。

三联韬奋 24 小时书店诞生记

三联书店总经理、三联韬奋书店董事长　樊希安

4 月 23 日是世界读书日，北京三联韬奋 24 小时书店当天挂牌，营业当晚（晚 9 时至次日早 9 时）实现销售收入 4.5 万元，为各晚最高。

24 小时书店从 4 月 8 日开始试运营，4 月 18 日正式营业，我们统计了从 4 月 8 日到 4 月 22 日的销售数据，15 天内实现销售收入 98 万元，平均每 24 小时 6.5 万元，其中白天销售 62 万元，每天平均 4.13 万元，夜晚销售 36 万元，每晚平均 2.4 万元。这一时间段的销售额，夜晚相当于过去白天的销售，白天的销售较过去增长 55%。这些数据表明，北京三联韬奋 24 小时书店试运营喜获成功，也为长期运营奠定了基础。我们在进行阶段性总结时，由此引发了一些对书店经营层面的思考，或者说有一点"小小的经验"。

初衷：促阅读、做服务，通过实践闯新路

北京三联韬奋 24 小时书店为三联书店的全资子公司，是在 1996 年创办的三联韬奋图书中心（2010 年改制为韬奋书店有限公司）基础上拓展创办的，经营面积 1500 平方米，图书品种 8 万种，和"雕刻时光"咖啡馆联动经营，满足读者 24 小时购书、阅读、餐饮、购物、休闲等各种活动。创办京城首家 24 小时书

见证诞生时刻

店，主要有这样三点考虑。

一是今年的《政府工作报告》首次写入"倡导全民阅读"，将全民阅读上升为"国家行动"，广大新闻出版工作者在推进全民阅读中有义不容辞的责任。三联书店作为著名出版品牌，应该在推进全民阅读中起带头和示范作用。

二是践行韬奋先生倡导的服务精神，竭诚为读者服务，为读者提供热心、周到、详尽的服务。韬奋先生最为看重服务精神，他说，为读者服务要"竭心尽力"、"诚心恳意"、"尽我们的心力做去，以最诚恳的心情做去"。我们开办24小时书店，秉持三联传统，着眼社会公益，旨在为读者夜晚购书、阅读提供一块"阅读的绿洲"、"精神的净土"，给愿意到公共场所挑灯夜读的人打造一处"深夜书房"。

三是在国家出台相关政策扶持实体书店的利好形势下，我们决心尝试创新经营模式，拓展经营范围，提高经营水平，为书店注入新的生机和活力。开办24小时书店，不仅仅是经营时间的延伸和拉长，更是企业升级换代转型的一个契机。我们决心以此为起点，建立新的运营机制和激励机制，紧密结合读者的需要提高服务质量，提升管理水平，提高企业的运营能力、盈利能力、抵御风险的能力，获得两个效益双丰收。我们的着眼点是社会公益，着力点是搞好经营，通过自身努力为实体书店的生存发展闯出一条新路。

条件：地段好、人流多，免税新政降成本

我们开店前充分调查研究，分析了各种有利条件，把决策建立在科学分析的基础上。

北京三联韬奋书店地处文化商业圈，东靠正在开发的大型隆

福寺文化广场，西毗中国美术馆，南邻繁华的王府井大街、北京人民艺术剧院。因为地处繁华地段，交通便利，人流众多。晚上在书店附近有不少消夜者、路过者。

店里组织在店内和韬奋书店广泛征求意见，进行市场调研，对读者开展问卷调查，分析出大概人流和购买力。大家普遍认为社会发展至今已呈现出越来越多元化的特点，人们不再按照统一的时间上下班，出现了许多自由职业者，昼伏夜出的人增多，开办 24 小时书店的条件已渐趋成熟。

根据"雕刻时光"咖啡馆营业至午夜 12 点的统计数据，夜间顾客是白天顾客的 1/3，推算出夜间到书店购书的顾客量大概是白天的 1/5；根据对 200 名读者的问卷调查统计，有 70% 以上的读者愿意在晚上到韬奋书店来购书或者看书，有 60% 以上的

慕名而来

读者表示每次购买图书不低于 200 元，由此推算出夜间年销售量应该不会低于现在白天年销售量的 30%，即夜间年销售量不低于 400 万元，增值税免税在 15 万元左右，销售毛利率为 30% 左右，这样销售毛利数额为 120 万元左右。随着对读者的培育，会有更多的读者到店内购书，销售额就会增加，增值税免税和销售毛利会逐渐增加，长期维持下去没有问题。

举措：调布局、办活动，打造"深夜书房"

首先，调整书店布局。布局及氛围的调整强调夜间营业的特点，形成适合夜读的环境，闲散、安静、舒适，类似"深夜书房"或深夜图书馆。具体做法为一层适当减少一部分书架，增加陈列平台。平台适合组织专题、主题、促销等不同的营销亮点，比较灵活，调整起来也方便，对日间销售也有益处。在一层靠近橱窗的区域及地下一层前、后场分别调整出一部分空间适当放置一些桌椅，桌椅都不大，桌子只要够一人或两人使用即可，有特殊需要时可以拼连。在每张小桌上加设台灯，提高舒适度。

其次，丰富夜间销售方式。一是买赠：购买若干图书即获赠一本图书。二是换购：购买一定金额的图书，即可按非常优惠的价格换购三联的创意产品。三是会员：会员夜间购书获双倍积分，并有机会得到神秘小礼物。四是返券：购书满一定金额即返书券代金券。五是抽奖：购书满一定金额即可抽奖。

再次，经常性举办和读书有关的文化活动。这一活动在书店或韬奋图书馆举办，或与咖啡馆联办，尽量丰富多彩。已先后举办了"小马阅读会"和"北京阅读季——听花开的声音"领读会两场活动，每场百余人之多，受到读者广泛好评。

最后，增加夜间取暖设备和保暖设施。

试水：大胆闯、小心试，逐步提高经营水平

办 24 小时书店毕竟是第一次试水，心里没底，只有一步一步"摸着石头过河"。店里确定 4 月 8 日至 18 日为试营业期。试营业期间是缓冲期，也是经验积累期，我们在试营业期间每天都要总结，找出差距和不足。试营业期从领导到员工广泛征求读者意见，发现问题及时解决，不足之处及时弥补。

比如听取读者意见增加桌椅和阅读灯，解决如厕和饮水问题，强化了保安工作和保洁工作，完善了夜间的亮化和美化。发现服务人员服务不规范的地方及时纠正。

周五、周六晚高峰销售期后及时添货和调整品种，按照顾客要求增加带有三联标志的文创产品，和"雕刻时光"实现无缝对接等。

我们的想法是办 24 小时书店，既要大胆地闯，又要小心翼翼地试，把文化理想建立在理性经营基础之上，不断完善、长期坚持，逐步打造一处首都北京的精神地标和文化风景线。

本文发表于《中国新闻出版报》（2014 年 4 月 30 日 5 版）

打造"深夜书房"的几点体会

三联书店总经理、三联韬奋书店董事长　樊希安

　　三联书店创办北京首家 24 小时书店，拓展阅读服务功能，为读者打造"深夜书房"，引起社会各界和广大读者广泛关注。现在运营一个月过去了，经营成果如何呢？让我们看下列数字：4 月 8 日至 5 月 8 日上午 9 时，销售收入 225.2 万元，日均 7.5 万元，较 24 小时店开办前日均销售增长 200%。其中白班（上午 9 时至晚上 9 时）144.1 万元，平均 4.8 万元，夜班（晚上 9 时至早上 9 时）81.1 万元，平均 2.71 万元。夜班高于 24 小时书店开业前白班的收入，白班则比过去的白班增长 100%。销售收入的后面是成交笔数，成交笔数后面则是读者客流。客流的不断增加，说明 24 小时书店受到读者欢迎，"深夜书房"作为城市一盏引导阅读的明灯将长期照耀下去。

　　在创办北京首家 24 小时书店的过程中，我们有如下几点体会：

　　一、党和国家高度重视文化建设和倡导读书的利好大环境、大气候是创办成功的根本前提。我们中华民族有重视读书的优良传统，"耕读传家"历来为人们所称道。"读万卷书，行万里路"被视为事业成功的必备条件。党和国家几代领导人都重视文化建设，力倡读书，毛泽东同志更是手不释卷的典范。党的十八大之后新的中央领导集体更加重视文化建设和倡导读书活动，并带头读书，身体力行。习近平总书记当年到陕西下乡插队时，留给乡亲们最深的印象是爱读书，从北京带去最多的物品是书籍。现在

日理万机的总书记酷爱读书，说"读书已成了我的一种生活方式"，"现在，我经常能做到的是读书。读书可以让人保持思想活力，让人得到智慧启发，让人滋养浩然正气。"他在接见台湾星云大师时说："您送我的书我都读完了。"百忙之中坚持读书，不仅是总书记的个人行为，更是一种号召，产生了良好的社会影响。李克强总理爱好读书，喜欢在书丛中流连并购书。他不仅个人喜好读书，还在社会上力倡读书。"倡导全民阅读"首次写入今年的《政府工作报告》，让全民阅读成为国家行动，为全民阅读活动在全社会的深入开展催生了新局面。党的十八大以来，党中央、国务院先后出台多项促进文化建设和全民阅读活动的政策措施。《全民阅读促进条例》已经列入国家立法程序，将以法律法规形式把全民阅读工作扎实推进。国家扶持实体书店的政策和举措连续出台，仅免收图书销售环节增值税这一项，每年就让利33亿元。去年国家财政拿出首批中央文化产业发展专项资金9000万元，进行扶持实体书店试点，全国56家实体书店得到资金支持，今年还将扩大试点范围和支持力度。全国各省市纷纷出台相应政策。仅上海市2012年和2013年就划拨2350万元新闻出版专项资金，通过资助和补贴、贷款贴息、奖励等方式，对近百家各类实体书店予以资助扶持。这种种利好政策，不仅使文化建设和读书活动有了经济上的支持，更是在其拉动下营造了开展全民阅读活动的氛围。全国各地的阅读活动丰富多彩，争芳斗艳。中央国家机关主题读书活动，国家知识产权局党校读书会，国家发改委青年读书论坛，公安部直属机关读书交流会等等，各级机关的读书活动开展起来了。"北京阅读季"、"深圳读书月"、"书香上海"、"书香杭州"等，各地的阅读品牌争相推出，全国300多个城市有经常的阅读节、阅读日活动。广泛开展的读书活动催生了人们的阅读热情，拉动了图书销售，实体书店的经营出

读·一夜

现转机，正是在这种大气候下三联韬奋 24 小时书店应运而生。

二、三联韬奋 24 小时书店所具有的区位优势和优越人文地理环境是创办成功的重要条件。书店位于美术馆东街 22 号，经营面积 1500 平方米，图书品种 8 万种。首先是拥有地处首都北京的有利条件。北京是特大城市，国家政治、经济、文化中心，城市人口众多，据 2013 年年底统计，总人口 2114 万人，其中流动人口 802 万人。总人口中受教育的人多，愿意读书的人多，阅读环境好。推动包括实体书店在内的公共文化基础设施建设，是北京发挥全国文化中心示范作用、建设中国特色社会主义先进文化之都的重要内容，三联开办 24 小时书店得到了北京市有关部门的有力支持。其次，我们所处的具体位置条件优越。一是有得天独厚的文化圈。向西延伸是美术馆、景山公园、故宫、北海公园，向南延伸有北京人民艺术剧场、商务印书馆、王府井步行街，向东是隆福寺文化商圈。这些文化商圈近几年都有较大发展。二是我们三联书店近几年也以编辑业务楼为依托打造三联文化场，改革重组了韬奋书店，创办了韬奋图书馆、读者俱乐部、书香巷等，和"雕刻时光"建立了"荣辱与共"的战略合作关系，文化圈的发展逐渐聚拢了更多的人气。三是极为便利的交通条件。我们的店面处于北京城东西南北交叉的交通枢纽位置，104、108、109、111、103 等数十路公交线路交汇于此，地铁 5 号线、6 号线开通后交通更加便利，正在修建的地铁 8 号线出口就在书店楼下。交通的愈加便利使人流大增，韬奋书店近几年成了人流涌潮的"热码头"，我们对此看在眼里，喜在心里，意识到开办 24 小时书店的时机已经成熟。

三、人们对倡导阅读的高度认同及读者和主办方的共同努力是创办成功的主要动因。人们对三联韬奋 24 小时书店的高度关注和肯定，源自于人们内心对读书的喜欢和钟爱。24 小时书店把销售功能扩展为兼有图书馆的阅读功能，为愿意到公共场所挑灯夜读的人打造一处"深夜书房"，提供一块"阅读的绿洲"和"精神的净土"，满足人们的阅读心理和阅读需要，与人们的阅读渴求高度契合。因此，这一举措得到人们普遍的赞赏和支持。李克强总理在 2014 年世界读书日前夕，给北京三联韬奋书店全体员工回信，肯定创建 24 小时不打烊书店这一创意，指出这是对"全民阅读"活动的生动践行，希望三联韬奋书店把 24 小时不打烊书店打造成为城市的精神地标，让不眠灯光引领手不释卷蔚然成风。

三联韬奋 24 小时书店受到广大"书虫"好评。网民认为，打造"深夜书房"大大方便了"书虫"阅读，也给忙于工作的上班族挑选图书提供了更多机会。一位读者说我们"为读书人燃起一盏灯，一座城市就被点亮了"。央视节目主持人海霞说我们"给年轻人的夜生活增添了文化色彩"。台湾资深出版人王承惠说："现在开办实体书店已很不易，开办 24 小时书店更需要决心和勇气。令人敬佩。"原生活书店总经理徐伯昕的外孙女徐虹说："听说三联开办 24 小时书店很激动、很兴奋，外公地下有知，也会很高兴的。"一个"居无定所"的流浪者在来信中说："我们这个时代是该好好读书的时候了，读书的确是一剂洗心的良药，它能帮我们洗涤因世俗而被蒙尘的心。除去心灵的尘埃，才让人生有一个明明白白的方向和定位。"在这个多元化的时代，人们对事物的认识很难一致，但对"读书"却众口一词地推崇。这种对崇尚读书的高度共识，给我们开办 24 小时书店集聚了正能量。

八十年来，一代一代三联人秉承韬奋先生"竭诚为读者服务"的教诲，传播知识，追求真理，传承文化，坚持多出好书好刊，诚恳、热情、周到地为读者服务，在社会上和读者中赢得了很好的口碑。近些年三联书店锐意改革进取，坚持文化品位，不断推出精品力作，明显提升了三联品牌的社会影响力。24 小时书店由三联创办，它着眼于社会公益，为人们购书阅读提供便利，因而受到了广大读者的点"赞"。这使我们既感到欣慰，又深感责任重大。创办过程中店领导层认识高度一致，三联韬奋书店员工齐心协力，敢于冒风险，闯新路。创办24小时书店既面临着机遇，也面临着挑战；既可能有成功的收获，也可能有失败的挫折。大家一致认为，认准的事要坚决地干，大胆地试，大胆地闯。店领导班子做出决策并给予有力的支持，韬奋书店全体员工雷厉风行，从2月8日决定开办，到4月8日试运营，仅用两个月时间，就在不耽误白天运营的前提下，完成了人员招聘和培训、营销策略的制定和实施、场地的布置和设备的更新、品种的调整和服务设施的添加等。试运营之后，根据读者的意见有针对性地加以改进，进一步提高了服务水平，增加了服务设施，组织了"小马阅读会"、"北京阅读季——听花开的声音"领读会等多场丰富多彩的读书活动，既吸引了客流的不断增加，又为长期坚持积累了经验。"人心齐，泰山移"，我们又一次尝到了团结奋斗结出的硕果。

目前三联韬奋24小时书店的创办已初获成功，"深夜书房"受到广大读者的喜爱，但这只是万里长征走完了第一步，要把红旗永远打下去，把这盏引导阅读的灯长期点下去，需要我们不断创新和付出更加切实的努力。责任在肩，不敢稍有懈怠。我们以初试成功为起点，正在建立长期运营的管控机制和长效机制，紧密结合读者的需求提高服务质量，提升管理水平，提高企业的运营能力、盈利能力、抵御风险的能力，力争获取两个效益双丰收，把24小时书店长久地开办下去，使之成为北京一座"精神地标"、一道亮丽的文化风景线、一盏永不熄灭的引导阅读之灯。

本文发表于《中国出版》（2014年第11期）

品牌经营创新　两个效益喜人

三联书店副总经理、三联韬奋书店总经理　张作珍

一、创建三联韬奋 24 小时书店缘由

为了以实际行动助推全民阅读活动、贯彻执行中国出版集团公司提出的"品牌经营战略"、增强社会效益和经济效益，在国家扶持实体书店的利好形势下，在中国出版集团公司、北京市新闻出版广电局大力支持下，三联书店在原北京三联韬奋书店日间营业的基础上创办了 24 小时书店。使原来的三联韬奋书店进行升级、转型、换代。

三联韬奋书店作为北京首家 24 小时开放的全天候书店，积极响应了《政府工作报告》中"倡导全民阅读"的有关要求，对促进文化繁荣有重要的现实意义和积极的示范作用。这一拓展图书经营模式和体现韬奋先生"服务精神"的新举措，得到了广泛关注。

二、取得了良好的社会效益

1. 社会反响强烈

本着低调务实的原则，三联书店在创办 24 小时书店试营业阶段没有举行任何新闻发布会等宣传活动，4 月 4 日清明节前一天下午 5 点下班时，仅在豆瓣网三联小站和三联书店微博等自有媒体上做了宣传。即便如此，闻讯并参与报道的媒体有上千家之

三联书店副总经理、三联韬奋书店总经理　张作珍

现场采访

多，产生了重要社会反响。中央电视台、新华社、人民日报、光
明日报、中央人民广播电台、经济日报等中央媒体进行了重点报
道，4 月 23 日晚新闻联播播出三联韬奋 24 小时书店开业仪式，
中央电视台新闻 1+1 连续两次播出三联韬奋 24 小时书店营业情
况；中国新闻出版报、中国新闻出版传媒商报、中华读书报等行
业媒体进行了深入报道；人民网、新华网、光明网、中国新闻
网、中国日报网、中国广播网、凤凰网、财经网、新浪微博等网
络媒体的报道引起广大网民热议；北京电视台、北京日报、北京
青年报、北京晚报、广东电视台、齐鲁电视台、江西电视台、广

州日报、成都商报等地方媒体进行了系列采访宣传；韩国电视台、法国电视台、新加坡电视台、阿拉伯电视台、香港电视台、香港大公报、香港文汇报、台湾电视台、澳门电视台等境外几十家媒体进行大宗报道，引发了良好社会反响。关于三联韬奋24小时书店在网上可以搜到的消息有66.4万条，关于三联书店的消息可以搜到1440多万条，大大扩张了三联书店品牌的影响力。

2. 获得李克强总理的赞誉

三联韬奋24小时书店的创意获得李克强总理的高度赞誉，给三联韬奋书店回信称：创建24小时不打烊书店，为读者提供"深夜书房"，这很有创意，是对"全民阅读"的生动践行，喻示在快速变革的时代仍需一种内在的定力和沉静的品格；希望三联书店把24小时不打烊书店打造成为城市的精神地标，让不眠灯光陪护守夜读者潜心前行，引领手不释卷蔚然成风，让更多的人从知识中汲取力量。总理的回信既是对三联韬奋书店的肯定，同时也是对我们的鞭策鼓励，坚定了我们一直开下去、开办好的信心。

3. 得到上级机关领导的高度肯定

中宣部、国家新闻出版广电总局、北京市委、中国出版集团、中央文资办和北京市新闻出版广电局有关领导高度评价了三联书店的这一重要举措。在4月23日世界读书日举办三联韬奋24小时书店开业仪式上，中宣部副部长吴恒权指出，24小时书店开得好。国家新闻出版广电总局党组书记蒋建国高度赞赏三联书店24小时书店的开设举动，指出三联韬奋24小时书店是令人向往、令人惊喜的书店，要为三联韬奋书店点个"赞"！中国出版集团谭跃总裁评价24小时书店是三联改革发展工作的一项创新，是中国出版业的一个典型。北京市委常委、宣传部长李伟称：三联韬奋书店以"24小时不打烊"架起了一座书籍与市民之间的文化桥梁，对促进首都全民阅读和文化繁荣有着重要的现实意义和示范作用。中央文资办主任王家新和北京市新闻出版广电局李春良局长明确表示，今后要加大对三联韬奋书店的扶持力度。

4. 起到示范和引领作用

自从三联韬奋24小时书店开业后，我们接待了全国各地的书店的老总，现在郑州一家24小时书店已经开业，杭州新华书店解放路店悦览树书房已经开业，青岛市新华书店集团的24小时书店预计在6月底开业，北京精典博维书屋24小时书店预计在6月底开业，成都一家24小时书店正在试营业。人民日报、新华社、中央电视台都说三联韬奋24小时书店在书业破解经营难题方面开了一个好头。

三、经营成果丰硕，销售业绩喜人

为创办三联韬奋24小时书店，三联书店克服了资金不足、人力短缺、时间紧迫等困难，全力投入，做了大量工作和前期准备，包括书店周边环境改造、重新装修和调整布局、招聘相关员工、购置桌椅和台灯等设备，努力为读者创造人性化购书环境。除有效利用好已拨付的100万元中央文化产业发展基金外，三联书店专门拨付近80万元进行店堂的升级改造，增加了吸顶式空调、整修店堂外的停车场、电脑系统升级、更新部分书架、增设阅读桌、阅读灯、阅读凳、阅读垫，开设WIFI，引进中国移动和中国联通加强地下卖场的手机移动信号等。三联韬奋书店还举办了打折，满赠，换购，满50元返5元书券，购中信、北师大图书满68元返5元咖啡券，会员10倍积分等多项夜场专享优惠活动，每周平均两场夜读会，已举办著名经济学家吴敬琏，著名学者余世存、张鸣等名家大家的演讲和座谈活动；为纪念故去的诺贝尔文学奖得主加西亚·马尔克斯举办读者接力阅读活动，历时20多个小时，共有275位读者参与，通过这些活动刺激图书销售，创造更高经济效益，弥补经营成本。

通过58天的营业，销售良好，夜间总零售实洋134万元，夜均2.31万元；白天总零售实洋262万元，日均零售4.52万元，总零售实洋396万元，每天零售额为6.83万元，是去年每天零售额的2.275倍（去年每天零售额3万元）。

净利润情况：2014年1-3月三联韬奋书店的净利润总额为26.6万元，4月份净利润为41.1万元，是第一季度的1.55倍；5月份净利润是62.7万元，是第一季度的2.357倍。前5个月的净利润总额是130.4万元，是去年整年净利润的3.14倍（去年净利润总额是41.5万元）。

现金流情况：截止到5月底，三联韬奋24小时书店的现金流为297万元，去年现金流最好的时候也不超过150万元。

我们会按照总理的指示，努力把24小时不打烊书店打造成为城市的精神地标，同时根据集团"品牌经营战略"的指导方针，创新经营实践，做实经营规划，做强品牌企业，把三联韬奋24小时书店长期开办下去，不辜负各级领导和广大读者的期望，更好地创造两个效益，助推全民阅读，促进文化繁荣。

三、评论文章

读书，为了遇见更好的世界

詹　勇

市场经济的名利考验、网络时代的信息浪潮，让这一代读书人也面临"平静书桌"的问题，拷问的是怎样对待精神生活、如何安顿心灵家园。这一时代之问，需要我们用心去回答。

暮春，子夜，北京一角。毗邻王府井大街、24小时营业的三联韬奋书店内，依然灯火通明。几张书桌，数盏灯光，秒针滴答有声，手指划过书页，颇有"夜深还照读书窗"的意境。一位学者感慨，"不打烊"书店的灯光，在城市夜空中格外明亮，它是对阅读价值的一种守望。

生活、读书、新知，不也是理想人生的轨迹？第十九个世界读书日到来之际，最新国民阅读调查结果显示，2013年我国人均纸质图书阅读量为4.77本，算上电子书阅读量的2.48本，一共不到8本，成年国民人均每日读书时间不足14分钟，相当于鲁迅所说"喝咖啡的工夫"。读书的时间哪去了？

一曰忙，二曰累，成了不少人对少读书、不读书的惯常回答。诚然，每个人都有自己的生活，但读书与其说是外假于物，不如说是内求于心。"苟能发愤读书，则家塾可以读书，即旷野之地，热闹之场亦可读书，负薪牧豕，均无不可读书。何必择地？何必择时？"我们早已告别了书荒年代，海量出版物、不断创新的阅读介质，为读者提供了无比丰富的阅读世界。相比以前"无书可读"的苦恼，今天则凸显"有书无心"的困扰。

吹去一堆堆泛黄书籍上的灰尘,"忙"与"累"也有另一番场景。一些干部沉迷于觥筹交错、迎来送往,满身烟酒味,毫无书卷气;不少人心为物役,铁了心做"物质的短暂情人",一些地方的"读书无用论"则夺下了孩子手里的课本。从社会层面看,将人与读书世界隔离开来的,往往是浮躁之气、功利之心。这种病象,也侵袭到阅读内部。不少书店和书市,唱主角的是七拼八凑的成功学、致富术、官场秘笈,这些文化垃圾倾倒在心灵家园,非但不能长精神,还要"长疾瘤"。

宋人黄庭坚说:"三日不读书,则义理不交于胸中,对镜觉面目可憎,向人亦语言无味。"有人更是警告:当你半夜醒来,发现自己好长时间没读书了,而且没有任何负罪感的话,那你就已经堕落了。有研究表明,爱阅读的人常有判断能力和自控能力,语言丰富、思维缜密;不阅读的人往往想法简单、语言贫乏,甚至细胞的分裂都比前者要少。"书犹药也,善读之可以医愚",用知识祛除心中的黑暗,我们才能以更积极的姿态为人处世,涵养社会的底气和定力。因而,图书馆排队借书的队伍长了,信谣抢盐的人就会少些;平时科普工作深入细致了,市民们面对 PX 项目的心态就会平和些。

阅读是一种向上的力量。书本其实就是精神生活的入口,学史可以看成败、鉴得失、知兴替;学诗可以情飞扬、志高昂、人灵秀;学伦理可以知廉耻、懂荣辱、辨是非,都是对生命的熔炼和升华。古往今来,以沉潜之心坐得住冷板凳者,总能激发"问渠那得清如许,为有源头活水来"的思想活力,得到"夜来一笑寒灯下,始是金丹换骨时"的智慧启发,滋养"天行健,君子以自强不息"的浩然之气。读书,正是为了遇见更好的自己、更好的世界。

"华北之大,已经放不下一张平静的书桌了",风雨如晦的岁

午夜书场

月，学子们的呼喊曾经震撼世界。今天，市场经济的名利考验、网络时代的信息浪潮，让这一代读书人也面临"平静书桌"的问题。不同的是，它拷问的是怎样对待精神生活、如何安顿心灵家园。这一时代之问，需要我们用心去回答。

本文刊于《人民日报》(2014 年 4 月 23 日 5 版)

深夜书房，给我们一丝内心的安宁

姜伯静

三联韬奋书店近日发起"深夜书房"交流体验活动，三联书店总经理樊希安接受采访时表示，经过十天试运营后，三联韬奋书店将于4月18日正式成为京城首家24小时不打烊的书店，"读者不用担心我们办不下去，这一年增加的100多万运营成本是没问题的。"

清代诗人席佩兰有诗云："绿衣捧砚催题卷，红袖添香伴读书。"这，一直是中国读书人的精神向往。虽然三联韬奋书店发起的"深夜书房"交流体验活动是传统书店自救的举措，有些不得已，但这又何尝不是我们读书人内心的渴求呢！夜半读书，是精神家园的一种境界，是内心的一种安宁，如今的环境下，也许只有"深夜书房"才能满足我们了。

对于有的人来说，这是一个有书却无暇去读的时代，也有人认为这是一个想读书却没有能力去读的时代。有很多人，因为工作的原因，没有时间去读书；有很多人，因为经济的原因，只能望书兴叹。在夜深人静时，如果因为工作的原因暂时无法入睡，或者因为出差等车不能入睡的话，那么在温馨的灯光下能静静地读一本好书，品一杯香茗，是多么享受的一件事啊！那远比在网吧疯狂网游，或玩手机游戏、读电子书要温暖得多。可是，寂静的夜晚，绝大多数人在有限的生活居住条件下，为了不打搅家人，夜半读书的愿望很难实现；而孤独的街头，除了网吧，半夜里的旅人又很难有更多的选择。所以，"深夜书房"其实是很多人心中的一个梦。

如果"深夜书房"真的能实现并且推广，那夜晚便多了另外一种含义。深夜，除了夜店，还有了一种别样的夜生活；旅途，不再只有孤独，路人有了一个可以安放心灵的港湾；白日里厌倦了太多的人和事，夜晚可以寻觅一个真正的自我，在一个小小的角落。你可以静静地选书，而不必担心别人的烦扰；你不必去真的买书，但可以去细细地读。读书、品茶或者喝咖啡，夜色中品味三种味道。这样的情景，这样的味道，是很能吸引一部分特定人群的，并且还有可能开发一些潜在读书人群的读书潜力。网络书店，怎么有这样的魅力呢？电子书，哪里有这样的享受呢？对于一些大中城市里难以为继的书店来说，"深夜书房"的确是个不错的选择。

只是，我还有些忧虑，三联韬奋书店之外的书店是否有足够的经济能力支撑、运营"深夜书房"。三联书店总经理樊希安说："读者不用担心我们办不下去，这一年增加的100多万运营成本没问题的，去年年底我们获得了国家100多万元实体书店的补贴。"这样的底气，别人有吗？如果没有，那三联韬奋书店的"深夜书房"岂不成了"一枝独秀"？而如果"深夜书房"的"门票"太贵的话，一般的读者怕是承受不起，这岂不成了曲高和寡？想到这里，我不由得有了一个奢望：希望政府能够支持类似"深夜书房"这样的探索，让更多的人能找到一块净化心灵的精神家园。

夜色如水，满手墨香，多么美好的感觉啊。我希望三联书店的"深夜书房"体验活动能够成功，并且能够推广，我希望更多的"深夜书房"能够给我们带来一丝内心的安宁。

本文刊于《光明日报》(2014年4月12日12版)

倡导全民阅读，充实我们的精神家园

张　砥

4月23日，我们迎来了第十九个世界读书日。节日前夕，国务院总理李克强给北京三联韬奋书店回信，称其近日创建的24小时不打烊书店为读者提供"深夜书房"，很有创意。他在信中写道，"读书不仅事关个人修为，国民的整体阅读水准，也会持久影响到整个社会的道德水平。"在读书日的当口，总理专门复信强调读书之于个人、社会、国家的重要意义，无疑具有强烈的现实针对性和指导性。

古人云，立身以立学为先，立学以读书为本。如果说一个人的阅读水平决定着这个人的学习、创造和发展能力，那么一个民族的阅读水平，则决定着这个民族在文明之峰攀登的高度。阅读力，是一种软实力，也是一种竞争力。读书不仅是个人之事，还是关乎国家强盛、民族复兴的大事，须臾不可松懈。目前，《全民阅读促进条例》已被列入国家立法计划，今年的《政府工作报告》更是首次提出要"倡导全民阅读"一系列举措，充分体现了国家对阅读工程的高度重视。

崇尚阅读是中华民族的文化传统。古代那些韦编三绝、凿壁偷光、囊萤映雪的读书人，在极其恶劣的环境中始终坚持自己的读书生活。近代那些忧国忧民的知识分子，在颠沛流离的岁月里都不忘留给子孙后代"第一件好事还是读书"的家训。即便是在戎马倥偬的战争岁月，我们的开国者们依然坚持"饭可以一日不吃，觉可以一日不睡，书不可一日不读"的读书原则。可以说，正是爱读书、乐读书的文化传统，造就了中华文明的博大精深，也正是善读书、勤读书的文化传承，延续着中华文明的灿烂辉煌。如今，身处知识经济时代和信息化社会，海量信息纷至沓来，文化交融不断加深，更需要我们将读书的传统发扬光大，让我们的精神家园在博采众长中日益充盈、更加丰饶。

必须正视，目前我国的国民阅读状况并不乐观。最新调查显示，2013年我国人均纸质图书阅读量为4.77本，算上电子阅读量的2.48本，一共还不到8本，成年国民每日读书时间不足14分钟，相当于鲁迅所说"喝咖啡的工夫"。出版的书越来越多，看书的人越来越少，现实的尴尬提醒我们，"有书无心"已经成为当下中国的一种"读书病"。一家家实体书店在现实的冲击下闭门关张，书市上七拼八凑的成功学、致富学、官场秘笈等大行其道，公交上、地铁里大多数人都目不转睛盯着手机屏幕，这一切都显示，我们的阅读世界正在变得功利而浮躁。

事实说明，不读书、不学习，心为物役、精神空虚，后果将很严重。在数字阅读的大背景下，碎片化信息消耗了人们大量的阅读精力，浏览为主的阅读习惯让平心静气读书的空气日益稀薄，"一搜即得"的求知态度，更助长着浅尝辄止、不求甚解的浮躁之气。从文化层面看，这种病象，已经侵袭到人们的精神家园。现在一些人读书不多，想得太多，看到一点皮毛就以为掌握了精髓，对一些常识常理性的东西时常搞不清楚，被一些错误思潮牵着鼻子走，丧失判断力、辨别力。这样的状况必须引起高度警惕，长此以往，不仅人们的心智结构会不断退化，整个社会的精神气质也将变得虚弱无力。

知识经济时代，国家间的竞争归根结底是知识的竞争，是人的竞争。在当前形势下，倡导全民阅读对充实精神家园的重要性空前凸显。从国际上看，"文明的博弈"日趋激烈，把握文化发展先机、占领精神文化制高点已刻不容缓。国内来看，不论是建设

共享一隅

文化强国，还是打造创新型国家，都需要有牢固的精神家园为根基，利益分化、观念多元的现实，也呼唤社会整体道德文明水平的普遍提升。从这个意义上看，阅读，作为提升国民素质、实现人的全面发展的最基本途径，已经成为影响我国发展水平和后劲的重要因素。只有进一步营造起全民爱读书、善读书、读好书的社会氛围，不断激发深层的文明力量，才能助我们的国家拥有持久活力，使我们的民族赢得世界尊重，让人民的生活获得安宁祥和。

物质贫乏不是社会主义，精神空虚也不是社会主义。充实时代变迁中的精神家园，是每一代中国人的使命。让我们拿起书本，共同品味悠远的书香，共同传递阅读的力量，为自己也为大家共同的精神家园注入一份正能量。

本文刊于《北京日报》（2014 年 4 月 25 日）

一夜书香惹人醉

王新荣

　　或许你有过这样的经历，午夜起来，饥肠辘辘，很想填饱肚子，找到一家 24 小时营业的便利店，买一碗卤煮，来俩包子，是何等惬意。如今，在北京城，这样的便利店是随处可见，带给人们尤其是那些过惯了夜生活的"夜猫子"们的是物质生活上的便利。然而，当你酒足饭饱之后，徜徉在午夜的城市街头，作为一种精神调剂，除了泡泡吧、看场电影、打打电游之外，北京三联韬奋书店"深夜书房"的出现，又让人们多了一份选择：若是能与一夜书香相伴岂不是更诗意，更浪漫？

　　近些年，如何破解实体书店的经营困局被一再强调，上至国家下到地方是既给资金补贴，又出各类优惠政策，为实体书店的妥善经营发展营造良好政策环境。让人欣慰的是，三联书店并没有坐等政策利好，拿政策补贴当企业利润，而是将政策扶持与企业创新有机结合，尝试实体书店新的经营发展模式和策略，把政策红利回馈给广大读者，值得我们为之点"赞"。

　　对此，也有不少网友表示，在浅阅读时代，很多人只是满足于"手机阅读"的浅尝辄止，根本无心逛书店，做一个"深夜书房"会不会困难重重，有名头没赚头？我们应该清醒地看到，三联书店选择这样一种经营模式是充分考虑了各方面条件的：如北京更加自由的上班方式使得"昼伏夜出者"增多、书店独特的区位优势如交通便利、周边文化圈有浓郁的文化氛围等等。而且我们也同时发现与夜读模式这一经营策略相配套，三联书店更是推出了包括夜间购书打折或赠书、换购创意产品、送双倍积分以及新书推介等一系列的跟进措施，从这两天试营业的实际经营状况来看，效果还是让人欣慰的。而这些都体现了经营者清醒的头脑。

其实，除了对实体书店经营前景的担心，或许我们更应该关注的是"深夜书房"的出现，对于一座城市的文化哺育，对于倡导全民阅读氛围所产生的重要意义。"为读书人燃起一盏灯，一座城市就被点亮了"这句话我很喜欢，书店是一座城市的精神守护所，守护着这座城市的文化底蕴，引领着这座城市的文化风尚，对于涵养城市文化品格、提升市民综合素质和精神追求不可或缺。正如一位学者所指出的，一个人的精神发育史就是他的阅读史；一个民族的精神境界取决于它的阅读水平。每个人的阅读水平，构成了一个民族的阅读高度，决定着一个民族的精神高度。阅读对于强化文化认同、凝聚国家民心、振奋民族精神，对于提高公民素质、淳化社会风气、构建社会主义核心价值体系具有十分重要的价值。

这不禁让我想到了台湾的诚品书店。到台湾的人几乎都会去诚品书店，每天晚上零点过后，诚品书店人不见少，反而越来越多，那里已成为台北一景。三联书店24小时营业后，不仅北京的爱书人，以后外地的爱书人肯定也会把到这里看书、读书当作一种文化享受。改变，从阅读开始，笔者相信只要这样的"夜店"变得越来越多，就能让一夜书香变满城书香，就能让你生活的城市变得更美丽、更个性、更具文化品位。

本文刊于《中国艺术报》（2014 年 4 月 11 日）

重建书香中国

温　泉

4月23日是世界读书日，这个因包括莎士比亚在内的世界众多作家的生辰和忌日而设立的纪念日，今年已是第19个年头。

此前半月，4月6日，首都首家24小时书店三联韬奋书店开始运营。国务院总理李克强在世界读书日前一天给三联书店回信，称赞"这很有创意，是对'全民阅读'的生动践行，喻示在快速变革的时代仍需一种内在的定力和沉静的品格"。总理并鼓励说："希望你们把24小时不打烊书店打造成为城市的精神地标，让不眠灯光陪护守夜读者潜心前行，引领手不释卷蔚然成风，让更多的人从知识中汲取力量。"

阅读，在当下的中国并不时髦。中国新闻出版研究院组织实施的第十一次全国国民阅读调查显示，2013年我国成年国民人均纸质图书的阅读量为4.77本。这个数字在韩国是11本，在法国约为8.4本，在日本介于8.4-8.5本之间。

工作太忙而没有时间读书成为中国当下阅读缺失的首要原因。其次，在网络文化冲击下，娱乐化、碎片化的信息、多媒体的内容消散了人们的阅读注意力。

与此同时，调查结果显示，70.5%的国民认为当今社会阅读对于个人的生存和发展来说"非常重要"或"比较重要"，认为阅读不重要的比例仅为5.2%。阅读意愿的日趋强烈与国民对个人阅读数量的不满形成了鲜明对比。在2013年，我国超五成的成

潜心夜读

年国民认为自己的阅读数量较少，认为自己的阅读数量比较多的国民仅为 8.4%。

2013 年，中国的全民阅读工程有了里程碑意义的突破，《全民阅读促进条例》列入国家立法计划，条例初稿已经拟定，正在逐步细化和完善。法律的介入和引导，在客观上有利于改善阅读条件和环境，保障民众的阅读需求。

书籍是人类进步的阶梯。腹有诗书气自华。然而，读书始终是国民私人之事，只有内心真正需要才能坚持不懈。阅读不是装模作样，而是远隔时空的心灵相遇；不是你一言我一语的道听途说，而是环环相扣的逻辑展示；不是陈规古训的束缚和终结，而是站在巨人肩膀上的重新出发。

这在这个信息流通以秒计算的时代非但不过时，反而愈发显得重要。读书能够让我们在系统的知识架构中应对信息的洪流，准确判断当下的方位和未来的道路。去年 5 月，李克强参观瑞士爱因斯坦博物馆期间，回答一位瑞士学生提问时说，无论工作多忙，都要抽出时间读书。

闲篇少扯，开卷有益。

本文刊于《瞭望》新闻周刊（2014 年 5 月 4 日）

电梯出现后楼梯依然存在

马未都

三联书店既是出版公司又有实体店，该书店多年安静地待在中国美术馆东侧的胡同口上。每次路过，只要时间允许，只要书店开门，我都要进入看看，买不买书都觉得书店最亲。

实际上，逛三联书店我几乎没有空手的时候，里面的书籍分类清晰有序，我今天许多还在读的书都是在三联书店买的。人与书的关系有时候就是人与书店的关系，亲切非常重要。三联书店在今天书店屡屡关门的大环境下，高调宣布 24 小时不打烊，以温暖的态度对待读者，以诚恳的态度对待书籍，逆势飞扬，瞬间成为一条正能量的新闻。

在网络时代，首先受到冲击的就是纸媒，报刊书籍首当其冲，发行量下降成为大趋势而不可避免，以至有人悲观地认为纸媒已经穷途末路了，许多青年人已不再买书，什么事情都在网上解决，纸媒书对他们好像不再重要。于是各地书店渐渐不景气，关门之声不绝于耳。

当电梯出现后，楼梯依然存在。尽管楼梯利用率下降，但你不能否定它的价值。传统书籍在未来会成为文化奢侈品，捧书阅读会比看电脑阅读多一份情趣，多一份感觉，多一份自我认识。

许多好心人仍然为三联书店担心，红旗究竟能打多久，24 小时不打烊能走多远，这些天的火爆场面是否只是昙花一现？其实谁也无法回答这些具体问题，要让我说就是能走多远就走多远。反正我会选择一天夜里，悄没声地走进三联书店，选上几本心仪的书，重温一下青年时代心跳的感觉。

本文刊于《新湘评论》（2014 年第 10 期）

让文化地标永久成为精神地标

孙海悦

"来过这里之后，心里就暗暗地想：以后不会再长久地离开了。"一位读者在试行24小时运营期间的北京三联韬奋书店的留言，道出了多少人对书店与墨香的眷恋。

对于试行24小时运营的三联韬奋书店，众多读者报以热烈回应。

"爱读书，爱三联，爱雕刻，24小时模式启动都市文化夜生活！"

"如此喧嚣的城市，三联韬奋以如此的姿态敞开怀抱，让人心生暖意。以新的动作捍卫传统，深夜、盏灯、书籍，原本就相得益彰。"

"但愿能发展壮大：由京城至各省会至各大中城市。文化之星，燃遍全国！"

…… ……

有数据统计，去年我国发行网点数量达173990个，比上年增加2.1%，实体书店约占全国零售市场的85.5%，仍然保持零售市场的主导地位。国家近年来出台的一系列扶持政策，是对实体书店多年来的执著与坚守、责任与担当的肯定，极大地提振了实体书店走出寒冬走进春天的信心。

"若有知音见采，不辞遍唱阳春。"实体书店在以实际行动践行文化传播功能的同时，也在重新认识自身的功能和定位，从大文化消费角度思考转型，积极探索新的经营模式。三联韬奋书店试行 24 小时营业就是力求为读者提供细致周到、多样化的服务，积极推动全民阅读活动深入开展——"24 小时经营，是向读者展现我们的最大诚意。"此外，字里行间、钟书阁、先锋书店、猫的天空之城等一批品牌书店也走出了自己的特色之路。

季羡林先生说过："在人类社会发展的长河中，我们每一代人都有自己的任务，而且是绝非可有可无的。如果说人生有意义与价值的话，其意义与价值就在这里。"

书店是提供想象力的地方，读书让你知道除了有 1000 种选择之外，还有 1001 种可能。正如人生的意义与价值就在于对人类发展的承上启下、承前启后的责任感，书店，正是数字时代的风雨长亭、浮躁社会的精神彼岸，让读者在现实生活中留驻脚步、在精神世界里跋山涉水。

数字时代，也许书香墨浓、见字如面的亲近感会被屏幕浏览、轻浅阅读的快餐化替代，但瞬息万变的是技术与载体，而经典文本与情感交流永不消弭。请记得在书店买几本书带回家，为了实体书店投以的一腔热诚，为了夜读好书拥有的融融暖意，为了文化地标能够永久地成为我们的精神坐标。

本文刊于《中国新闻出版报》（2014 年 4 月 21 日）

得人心才能赢市场

范占英

"这是最好的时代,这是最坏的时代……这是希望之春,这是失望之冬。"狄更斯《双城记》如是写。当越来越多的实体书店走到生死存亡的十字路口,在行业寒冬中逐渐萎缩甚至消亡的时候,老牌书店三联在"危机"中寻找"生机",创新出 24 小时营业方式,使书店的社会效益和经济效益逆风飞扬。

三联的初衷没有太多钱的成分,正如书店总经理樊希安所说,"不是为了钱,是为了公益。"对于调研得出的增加成本,三联也欣然接受:每年运营 24 小时书店纯粹的投入需要 200 万元,这其中 100 万来自国家免税政策为他们提供的扶持,另外 100 万元是三联书店愿意公益性地回馈社会(4 月 18 日新华网)。三联更多考虑的确实是公益,他们提供了阅读用的桌椅、台灯、更大的空间,提供了诸多别开生面的阅读活动,他们还提供必要的食物和水。仿佛,三联 24 小时书店不是在做一个文化企业,而是在做一个公益图书馆,一个敞开大门安放读者心灵的精神家园。

尤其是在北京城灯火阑珊,连最能熬夜经营的酒吧也在凌晨 4 点钟谢客时,三联书店秉持着利他之心,把囊中羞涩又身处困境中的人们聚拢到阅读的大旗下,给他们阅读享受、带他们精神旅行。那些夜游神们——坐火车、飞机出发或到站的,聚会散场的,为赶考试通宵复习功课的,无家可归的,那些待在麦当劳里的……肯定会因为多了一个温暖又适宜的去处,而长久地回忆着，淡淡地幸福着。

相信，三联24小时书店就是这样赢得了人心。虽然没有比人心更易变，更不可靠的东西，但是一旦建立起了牢固的信赖关系，也没有比人心更加可靠的东西。相信，市场就是人心，赢得了人心，必然赢得读者的坚守和信任，当然也赢得了经济效益。

其实，很多生意都和钱没关系，只和你提供的价值、服务有关，和敬天爱人有关。当你不那么关注金钱的时候，金钱往往也就来了，利润也就来了。三联24小时书店的诸多成功数据就证明了这一点。

本文刊于《中国新闻出版报》（2014年4月30日）

共同擎起黄昏里那盏灯

雷 萌

4月8日深夜，位于北京美术馆东街的三联韬奋书店灯火通明，通宵营业，成为京城首家24小时书店。从8日21时到9日9时，150位读者购书、1.4万元的营业额，为我们呈上了一份惊喜的答卷。

就在这席文化"夜宴"获得宾客喝彩之时，4月10日，有关实体书店的另一个好消息从在沪召开的实体书店发展推进会上传来。2014年，实体书店扶持试点将由2013年的12个城市，扩展到京沪等12个省份，并重点支持小微和民营文化企业。这无疑提振了书店从业者的巨大信心和勇气。

透过三联韬奋书店那盏未眠的夜灯，我们仿佛看到了照亮实体书店前路的火把。三联韬奋的高调试水，不仅源于不满足于老字号的名号，以全新的文化理念、创意和策略，敢于担当，迎战市场。更重要的是，源于从国家到地方政府，逐年加大对实体书店的资金投入、政策扶持，为公众谋求更多文化福利。

近年来，在实体书店关张的消息不绝于耳、很多业者失去信心的境况下，中央文化产业发展专项资金不断加大对实体书店的投入，并出台了减免租金、税费等一系列扶持政策，让共享文化改革发展红利成为实实在在的举措。从微观层面，不论是出道仅一年就赢得"最美"之名的钟书阁，还是想要"温暖一座城"的猫的天空之城概念书店，等等，之所以赢得读者和市场，根本在于它们开垦出了一方阅读新风景。而那股敢作敢当、不惧失败的豪情，最根本地源于所固守的那份文化责任。

政府的重视扶持、业者的迎浪勇进，都离不开"担当"二字。只有责任与担当，才能筑成民族精神文化的高地。而文化从业者，只有不向文化要利润，才能放开手脚书写传奇。我们有理由相信，更多的书店将成为城市夜景中温情闪烁的灯塔，而更多的城市也将增添书香的地标。

本文刊于《中国新闻出版报》（2014年4月11日）

让阅读快乐流淌心间

李 拯

今天，又迎来一个世界读书日。在这个以"读书"命名的节日里，无论你是年老还是年轻，无论你是贫穷还是富裕，都有权利享受阅读的快乐、接受文明的洗礼。在中国，从政府部门的宣传活动，到 24 小时书店的灯火通明，都是回归心灵的深沉召唤，更发出了诚挚的"阅读的邀请"。

五千年相沿不废的文明传承，让我们拥有全世界最悠久的阅读传统。这是春秋时孔子"韦编三绝"的勤奋，是西汉时匡衡"凿壁借光"的刻苦，是唐代刘禹锡"数间茅屋闲临水，一盏秋灯夜读书"的雅趣，是明代于谦"书卷多情似故人，晨昏忧乐每相亲"的闲适。那种"神与之交，气与之合"的精神境界，那种"口存余香，物我两忘"的阅读快乐，令人心驰神往。

然而，置身于飞速旋转的现代社会，读书却逐渐成为一种奢侈，阅读更意味着几分"沉重"。最新统计数据显示，中国人年均阅读图书 4.77 本。有人感慨，现在中国写书的人比读书的人还多。当现代人拒绝"心为物役"、寻觅"此心安处"，可曾想到停下急促的脚步，在阅读中找寻灵魂的庙宇？

是的，信息随荣随枯、社会瞬息万变，每个人都需要短暂的"关机"时间，通过阅读解放心灵、充实知识、补充营养。当今时代，知识更新速度每 3–5 年就翻一番，如果任由生活被网络分割、时间被切成碎片，阅读节节败退的结果，必然是知识的老

聚精会神

化、能力的退化和想象力的钝化。一个人哪怕睡觉前坚持阅读 20 分钟，也能成为相关领域的专家；日理万机的习近平总书记也说过，"读书已成了我的一种生活方式"。

在席卷而来的物质大潮中，阅读更能集一瓣心香、掬一捧清泉，让人得以超越现实的喧嚣、一时的得失，让心灵之翼在想象的世界里自由翱翔。面对工作的压力、生活的焦虑、选择的纠结，不妨在阅读中倾听内心的声音、寻找人生的智慧。毕竟，文字的森林就是精神的氧吧，"天堂应该是图书馆的模样"。得意时请阅读吧，因为它会告诉你高贵、力量、优雅和敬畏；失意时请阅读吧，因为它对你和他人一样慷慨和宽广。

诚然，书不会因为囊中羞涩而拒绝你，不会因为人微言轻而冷落你，不会因为身处逆境而漠视你。它永远都敞开着一扇精神之门。阅读不需要"书中自有黄金屋"的功利，不需要位高权重或家财万贯，更不需要对环境做刻意雕琢，只要有一份安静的心情，无论是拥挤的地铁，还是喧闹的广场，无论是清晨的林间，还是冬夜的炉旁，都可以在阅读中思接千载、神游万里，与许多伟大的人物窃窃私语。

人不能失去对生活的想象力，应该不断尝试人生的另一种可能性。阅读，就是从生活到想象力的触媒，就是从现实到可能性的桥梁。一个人的精神发育史，取决于一个人的阅读史；一个社会是提升还是沉沦，则要看多少人在读书。千言万语，汇聚成一位网友的精彩回答："只要我还坚持读书，生活就充满希望。"

本文刊于《中国新闻出版报》（2014 年 4 月 11 日）

为自己点亮一盏阅读灯

雅　倩

　　城市中的 24 小时便利店、快餐店等的存在，无不为步履匆匆的城市人提供了深夜中最为方便快捷的服务。而如果书店的灯光，也为你我在夜晚中点亮，你是否也愿意推开这一扇书店的大门呢？

　　就在 4 月 8 日，位于北京东城区美术馆东街的三联韬奋书店，推出了"深夜书房"试营业活动。每天晚上 9 点至第二天上午 9 点是夜读时间。而经过了 8 天的试营业之后，也已经于 16 日开始正式全天 24 小时营业。这件事一时引起了不少社会媒体、民间读书团体、书店出版业人士的关注。一时间，夜晚的三联书店变成了人们读书的圣地。

　　书店总经理张作珍在接受北京青年报记者的采访时，也提到，8 天中，夜场销售总额达 23 万多元，平均每天 2.9 万元，购买人次 251 人，大大超出了书店最初的预期。而 24 小时概念同时也带动了书店白天的销售，整个试营业期间有 37 万多元的销售额，几乎相当于平日里的两倍。

　　其实，在书店业中，实行 24 小时营业也早已不是新鲜的尝试。这其中，我们最为熟悉的，恐怕就是以"知识无终点，读书不打烊"为服务宗旨的台湾诚品书店。不过，在全台湾地区的五十多家门店中，营业时间为 24 小时的也不过只有敦南店一家。极具清新风格的文艺电影《一页台北》就是取材于这一家书店，而这里更成为前去台湾旅行的游客不能错过的一站。诚品敦南店的成功可以说有着其不可复制性。

我们再来看一看，大陆的另一家 24 小时书店。2012 年 3 月上海福州路的大众书局整修一新，以主打怀旧主题的复古民国风貌示人。相较于从前，店内增加了咖啡茶座的部分，在店内其他区域也增设了不少座椅。同时，书店也开启了 24 小时营业的模式。通宵后第一个 24 小时营业额达到了 1.5 万元。比装修前增加了 40% 到 50%。然而，一个多月之后，书店就开始面临夜间店内鼾声四起，人们就地而睡的问题。更有一些"蹭夜者"让书店秩序变得混乱起来。出现这样的情况之后，大众书局也做出了相应的调整和政策，从当年的 11 月起，凡晚上 10 点之后进店的顾客都要凭身份证办理一张"夜间阅读证"。

大众书局遇到的问题，也许就是三联韬奋书店下一步要面临的困难。所以，对于书店本身来说，经营 24 小时书店在魄力和勇气之外，更需要完善的计划和应对困难的准备。

就三联韬奋书店而言，是我个人比较喜欢的一家书店，在北京工作时，便经常光顾。2011 年 7 月三联更是开启了读者俱乐部的经营，后来又在此基础上建成了独具特色的"书香巷"。这几年来，可以说三联韬奋书店一直在进行着不断的探索与尝试。而这些，也为如今实行 24 小时营业打下了良好的基础。

一家书店，温暖一座城。这是我写在《中国独立书店漫游指南》这本书封面上的一句话，现在用来形容一家 24 小时营业的书店似乎更为贴切。无论是作为一名前书店人，还是一名普通读者，能够看到有更多盏书店的灯光在城市的夜晚中亮起，不能不说是一件让人感到欣慰的事情。

期待这样温暖的深夜书房，不会只是昙花一现。而读书，这件简单的小事，也并非必须去书店才能完成。在床头伸手可及的地方准备几本好书，这样，每一个安静的夜晚都会成为你一个人独享的美好阅读时光。

本文刊于《出版人》杂志（2014 年 5 月）

像三联 24 小时书店那样算算长远账

周惠虹

在当今实体书店经营普遍不太景气的形势下，尽管遇到过"24 小时营业是否有作秀之嫌"的质疑，但从 4 月 8 日开始，北京三联韬奋书店还是拉开了 24 小时试营业序幕。

敢于实行 24 小时营业，三联韬奋书店并非一时意气用事。正如该店负责人透露的，其实韬奋书店对于通宵营业酝酿已久，一直在等待合适时机。去年，国家对实体书店大力扶持，三联韬奋书店得到了北京市新闻出版局的资金支持；国家税务总局又免除了实体书店增值税，这为减轻书店经营压力奠定了基础。况且，其背后还有年利润达 6000 余万元的三联书店支持，这无疑更增加了该书店承受亏损的底气。

仅有来自于经济方面的支撑，未必就能促使三联韬奋书店坚持全天候营业。毕竟，与白天正常时间营业效果相比，夜间营业的投入产出比不怎么令人看好。其后更主要的原因在于——这是一家"最有人情味"的书店。不只是一些走进三联韬奋书店的读者这样认为，该店负责人的话也在时时处处展现着其人文关怀的经营底色。三联韬奋书店总经理张作珍认为，对阅读的关注，体现着公民乃至整个社会的素质，"读书不会给你带来立竿见影的变化，但一定会让你的人生有所不同。"他还说，"无论职业、身份，在书籍面前，人人平等。哪怕是流浪汉，只要你不带着被子进店，我们都欢迎。"

灯光照亮心灵

在三联韬奋书店，他们算的是一笔更长远的大账——略有亏损事小，品牌美誉度事大。毕竟，昼夜书店的社会效益、品牌效益远大于经济效益。

这样的一笔账，三联韬奋书店会算，可惜，目前尚有许多实体书店并未意识到，还没有真正算过来。现实当中，不少实体书店经营者只是抱怨世风喧嚣，读者不买阅读账；抱怨网上书店攻城略地，不给实体书店留活路；抱怨政府扶持力度不大，一年经营下来不过是在白忙活……在这些书店经营者眼中，紧盯的往往只是经济利益，把经营书店等同于经营商场、超市，也于是，读者走进这样的书店，除了闻得到物化的书香，并不能真切体味到浓浓书香，总觉着自己与书店隔着那么一层。也难怪，类似书店引不起读者兴趣，要么将读者推向了网上书店，要么促之日趋远离书籍。

作为称职的实体书店，理应保持自己的文化理性，勇于自立自强，虽不至于都去复制三联韬奋书店24小时不打烊的经营模式，可起码，也要学会算长远账，要不断围绕自身优势加强探索，要设法让读者沉浸于书店散发的"人情味"而欲罢不能。

本文刊于《中华读书报》（2014 年 5 月 28 日 8 版）

夜游三联书店的政治经济分析与八卦

姜虎牙

得知三联书店 24 小时营业，作为图书出版从业者，我直接的想法就是：啊，做得真聪明！除了三里屯南街那家"挂书店卖酒吧"的，这算是北京第一家 24 小时书店，尽管是对台湾诚品的直接效仿，却不妨碍它跃然成为开风气之先者。且慢，两年前上海也有一家 24 小时书店，但勉力维持一年多后草草收摊，而此次对三联书店上至总经理下至店员的采访报道中，只说台湾诚品，而对上海的那位烈士闭口不提。成功者是指路明灯，失败者只是黑暗的垫脚石，向来如此！

既作为同行，也作为三联图书的忠实读者，我于 4 月 10 日晚到了那里。美术馆东街的街口正在施工，建筑机器正在轰鸣，工人正在忙碌。在街边停下车，迈进书店大门，时间是夜晚 11 点 40 分。

所有感情都是呆死账

进入书店，街边野蛮的建筑工地被远远摒开，明亮的灯光、琳琅满目的书、安静的气氛，让那种经年酝酿的美好情感一下子充溢了身心。书店主要作为文化场所，对于普通公众的生活，尤其对于读书者的精神意义，在这一刻体现得尤其典型。

自上世纪 80 年代订阅《读书》杂志开始，三联版图书和三联书店就一直是我最为倾心的事物之一，90年代初寥寥几次短期来京，即使时间紧迫，也会抽时间到三联书店流连半日。来北京长居后，前几年也经常专程来这里盘桓。但现在掐指一算，竟许久没来过了，三年还是四年？虽然每年我都要购买大量图书，却几乎全是网络购买。此刻，此时，我有一种故知重逢的温暖感和亲切感；还有些惭愧，觉得自己真是不负责任，爱书但没有那么爱，爱书店但却辜负了它；或者还有点儿感谢的意思，幸好有这个机缘，来弥补许久以来的亏欠。

这就是24小时三联书店的感情基础吗？初级、中级尤其骨灰级读书人和书店粉丝们，你平时忙于工作和学习没时间，我可以给你找出时间来此缠绵；你被网络购书的方便、快捷、省力迷惑了，但我可以提供特别的机会，请你来此悠游和耳鬓厮磨；你困扰于工作的泥泞和生活的离乱，我则营造一个高雅、简单、低耗的游憩之所。人们任何形式的感情都是糊涂账，时间久了就难免呆死，算不清，理还乱。24小时三联书店正给爱书和爱书店的人提供一个表达情感和清偿呆账的机会，且连本带利。

读者们还真买账。我进门的时候注意到，收银台前排了四五个人，两个摄像机在架着拍摄，书架前有十多人在浏览，每个小桌都坐着看书的读者，其年龄跨度大约从20岁到70岁。零点以后逐渐减少，除了几个如我一般在书架前翻捡者，绝大多数人在小木桌边，一灯两椅，一男一女，很年轻、朴素，也很文艺。还有一对坐在楼梯上，男孩两手握书，女孩趴在男孩腿上；另一对席地而踞，男孩盘腿握书，女孩靠在男孩肩上。我脑子里闪过这样的镜头：二十年后，三联书店仍在，一对意得志满的中产夫妇对他们的孩子说，"想当年，我和你妈在三联24小时书店，一起看书，于是后来就有了你。"这真是个温暖的故事，对吧。

要名分还是要名分

三联书店是个好出版社。我的意思是说，实体三联书店是个好书店，这里有北京最齐全的社科、文化、艺术、时尚以及各种小众杂志，有品位最高的同类图书。比较鸡贼的读者，不妨来这儿看杂志，看画册，看装帧，铁定低成本、高效率，如果深夜前来，还可以为书店刷一下气氛。

大部分买书的人集中在零点之前，就进门时目睹的四五人排队埋单的"盛况"，我算了下账，按这个节奏，书店在零时前是可以赚钱的。但零点以后，除了浏览的和坐着读书的，买书的就是以十分钟以上的节奏出现了，到我凌晨 1 点 30 分给自己的六本书结账，之后约二十分钟才有另一个人，而且只买了一本书。我又算了一下账，按这个节奏，书店铁定是要赔本的，挣的钱可能连付电费都不够。4 月 11 日晚间关于 24 小时三联书店的报道，涉及到销售额是这样说的：第一天一万多，第二天两万多，第三天三万多（其中有我的贡献）。按我观察，这些实际销售发生的时间应是集中于 21 点至 24 点，也就是说，绝大多数读者会在 24 点前完成挑选、购买，而之后的人除了特地来体验的、来刷文艺的、来恋爱的，能产生销售额的所剩寥寥。按照普通的商业逻辑来说，靠谱的营业时间顶多到 24 点。但是，书店的业态既是商业又是文化，而文化，是不需要靠这个"谱"的，要靠，就自己靠自己。

可以肯定的是，三联书店就是会这么靠。虽然刚刚试营业四天，便已经传出消息，24 小时的三联书店将在 4 月 23 日正式开张。这其实是一个极为高明的举措。从经济上说，单纯依赖销售当然会赔钱，但由于它是一个开风气之先的"创新"行为，迎合了国家扶持地面书店的有关政策，它已经拿到了 100 万大元的今年首笔国家资金（意思是可能还有第二第三笔），另外还有北京市财政数目不详的支持，并且免一年所得税，这就在盈利上保住了底线。而除了这些实打实的银两之外，它大概有建成"文化地标"的意图，虽然文化地标具有自然生成的规律，但也不妨在合适的条件下使些横练功夫。

我觉得如上还不是三联打得最好的牌，更好的在于，这是一个极好的营销推广行动。上面说过，"三联书店是个好出版社"，实体三联书店的背后正是生活·读书·新知三联出版社。出版社做营销推广，除了单品图书之外，其他能用的手段和取得的效果其实极为有限，但这次，三联一夜之间就成了热点，不仅是文化热点，还是社会热点、政治热点、商业热点，它触动了人们关于时代发展与生活方式的神经末梢，让有关于此事的各消息充斥了各类媒体，几乎到了"无人不说三联"的程度，而且，基本全是正面评价。可以预期，这个话题还将持续一段时间，并让"三联出版"的声誉达到一个全新的高度。人家曹操说过："周公吐哺，天下归心。"好吧，24小时刷夜，天下读者归三联！名分到了，今后应天天喝头道汤，所获自然不菲。业界同仁们，应当都对此看得明白。

咱们八几卦

我如此揣度三联，心下并无不敬，其实是非常欣赏它、喜欢它的，兴冲冲深夜前来就是明证。这里另外有几件事八卦一下。

第一件，看北京电视台《锐观察》栏目，主持人说："此时是4月11日凌晨两点……"我分明是在10日23时45分许看到摄像机拍摄，而且电视画面就是当时的情景。我在近11日凌晨两点差几分离开，只有安静的书、睡着或醒着的读者和一个咔嚓咔嚓拍照的人，哪里有电视采访者人的影子呢！不要把自己出去吃宵夜的时间算在这里好吧！

第二件，我进去拿手机拍了许多图书封面和装帧，一边拍一边心里感叹，图书的"奢侈品化"已经初现端倪，许多图书是按工艺品标准来做的，相比较来说，有些——我是说有些出版社的书做得太简陋、形式太落后了。别说我在书架的最底层找了几种"有些"出版社出的旧书，如果真的要摆到显眼的位置，它们也会羞愧得往下面出溜儿。

第三件，书店二楼确有雕刻时光咖啡馆，确也是24小时营业，如果打定主意来这儿刷高大上的文化夜，此处可以作为加油站。

第四件，一个预测，既然某大大能抽冷子去庆丰包子铺点个餐，在当前大力推动全民阅读的趋势下，说不定某天，不一定是某大大，深夜里处理完国家大事顺路就到了三联书店，买了六本书，打八折……

本文刊于《中华读书报》（2014年4月16日）

期待实体书店优雅生存

几个月前，人们还在为实体书店的接连倒掉而哀叹；可是如今，情况有了根本性的逆转。北京的单向街空间、中信书店、字里行间等知名实体书店品牌，都在以不同的方式进行转型和扩张；三联韬奋书店、博书屋则开始涉足 24 小时书店这一全新经营形式，像是约好了一样，北京市一批新书店将在今年 6 月前后接二连三地开张。对于京城爱书人来说，这个春天满是书香。

也许是实体书店的接连倒掉给了摩拳擦掌者以反面的教训和更理性的思考，也许是实体书店的重新洗牌造成了新的市场机会，北京市一批新书店将在今后接二连三地开张，无疑发出了振兴实体书店的信号，也吹响了实体书店竞争的集结号，值得关注更值得期待。

过去，造成实体书店的接连倒掉，无非是政府支持的力度不够，电子书消费力量强大，实体书店理念不新，经营意识和模式落后，摸不准读者对实体书店的真正需求，缺少经营的良好创意，这就如同三联韬奋书店创意性地实施 24 小时经营，一下子让实体书店的经营者如梦初醒，全国各地的 24 小时书店纷纷跟进一样，可见点子和创意的力量多么强大。

实体书店的生存状况出现转机，其实并非偶然。对实体书店扶持政策的出台，是最重要的推动力量。从今年 1 月开始，国家出台政策，对实体书店免征 13% 的增值税，大大减轻了书店的

88　三联韬奋 24 小时书店诞生记

经营负担。同时，地方政府部门也纷纷出台对实体书店的扶持政策，为一些特色书店带来了更好的发展空间。但也应该看到，政府扶持实体书店，仅仅有免税的好政策还不够，还需要更多的组合利好政策出台，政府应该认识到，说一个城市有没有文化，阅读氛围浓厚与否，实体书店就是说服力和明证。

实体书店担负着涵养人们心灵家园、参与城市精神构建的功能，更是文化惠民的民生工程，但它终究是一门生意，要在基本的商业规律下赢得市场的尊重并占有一席之地，但是又不同于一般的生意，书店是"让脚步停留，让心行走"的精神处所，市场大潮中，我们期待实体书店能优雅地生存，并成长壮大。

本文刊于《长沙晚报》（2014 年 5 月 14 日）

24 小时书店不值得推广

王亚煌

据媒体报道，老牌书店"三联韬奋书店"从 4 月 8 日开始试行 24 小时通宵营业，成为北京第一家 24 小时的书店。而依靠试营业期间的不错成绩，书店决定正式进行 24 小时营业。

值得一提的是，此举得到了国务院总理李克强的支持。在其给书店全体员工的回信中，指出这是对"全民阅读"活动的生动践行，希望三联韬奋书店把 24 小时不打烊书店打造成为城市的精神地标，让不眠灯光引领手不释卷蔚然成风。

不错的试营业业绩，社会的高度赞扬，领导的肯定，关于 24 小时书店的评论，似乎都是正面性的。24 小时书店的出现也更像是一种必然，因为这种形式在很多较发达的国家和地区都是有先例的。远了不说，台湾的 24 小时书店就搞得很好。

而随着国内人均收入的提高和在文化消费支出上的不断增加，以及国内大城市普遍缺乏夜店营业的文化场所（东莞式酒店除外），24 小时书店在市场上已经有了一定的可行性。同时政府当前鼓励文化产业发展，对于书店更是减免了税款。这也降低了书店的营业压力，可以使其更展开手脚去做新的尝试与创意。

但是这并不妨碍笔者这种专业说风凉话的人表示反对。从营业额来看，24 小时书店的效果是不错的，但是其前期业绩与大力宣传有很大关系。比如上周日下午，笔者就不得不在广播中听了整整一下午的介绍和对总经理的专访。对于 24 小时书店来说，

徜徉书海

噱头可能远远大于实际。

　　书店毕竟是书店，不论怎样包装，其卖书的本质不会改变。应当认识到，人们在夜间的主要消费需求并不是购买图书，买书可能是附加行为或偶然行为。他们更需要的是一个文化休闲消费场所，而不是单纯的购书场所。当然书店可以搞多样化经营，卖卖卡座咖啡什么的。但一个卖咖啡的书店竞争力要远低于一个提供大量可阅读书籍的咖啡店。

　　笔者认为三联24小时书店可能会长久地存在下去，笔者也相信凭借北京的人口，特别是广大的猎奇文艺青年数量，书店的夜间销售量短期内也不会太差。但是至于推广就不那么乐观了，24小时书店离开了热闹的夜间场所，离开了不夜城的区域，是很难生存下去的。特别是只有一家的时候还好，但如果所有书店为了响应总理号召纷纷进行24小时营业改革，那么最后只能加速书店的倒闭。

事实上，24小时书店更像是书店在倒闭潮中的殊死一搏。纵然书店提出了夜场八折的优惠，但是在网络渠道上，八折的优惠力度还是太小了。在购书者越来越倾向于网络购书的今天，书店不做点什么惊天地泣鬼神的事，就会被人们快速地遗忘掉。但即便是吸引起了人们的关注，面对整个购书潮流的网络化，阅读越来越手机化和平板化，书店依然是螳臂当车。

诚然，24小时书店是很有创意，但事到如今谁还记得更有创意的贝塔斯曼书友会？谁还记得曾经中国最大的民营书店第三极书局？谁还记得小清新的"光合作用"？它们都已经成为了书店倒闭潮的一个个注脚，在卷走了不少办卡者的钱之后，一去不复返。

在这种潮流之下，笔者最担心的是地方政府会头脑发昏地去推广24小时书店，甚至用补贴等方式去营造虚幻的文化氛围。书店终究难逃死亡的命运，更何况是24小时书店？比起扶持创意民营书店，笔者倒更希望有人能提出拯救公立图书馆，起码图书馆里不会站着一个盯着看你买不买书的管理员。

本文摘自《中国经营网》（2014年4月23日）

深夜书房请走好

韩为卿

5月18日，又一家24小时书店在杭州开张了。随着全民阅读被提上国民素质教育的日程，人们的读书热情将会被积极地调动起来，而李克强总理对"深夜书房"的赞许，也会促使各地、各种形态的"深夜书房"出现，这对那些有夜读习惯或是只有夜间才有时间读书的人是个福音。

但是，笔者认为，要想让"深夜书房"真正发挥它的积极作用，真正走好，不违初衷，就一定要实事求是，切忌不顾实际地"大干快上"和"遍地开花"。

北京三联韬奋书店亮起的"24"灯牌，其中一个重要意义是将成为城市的精神地标。它是在提醒现在读书越来越少的市民们重新捧起书本，让全民阅读具有真实的内容。所以，现在的"深夜书房"不必求规模、数量。

它应该开在那些高等学校集中的地方，开在车站、码头、机场的候车（机）厅里，开在居民社区的文化活动中心里……它也不需要多么大的规模，不必动辄几百、上千平方米的面积。或许它应该是公共图书馆、新华书店临街的一间，或是私营书店的一个柜台，或是借用某一公共场所，但必须要了解读者的读书方向和习惯，有的放矢地备齐他们需要的书并提供良好的服务。

真正的读者、真正的读书常常是不拘形式的，因为只有忘我的境界和氛围，才有读书的效果。

本文刊于《中国新闻出版报》（2014 年 5 月 20 日）

"24 小时"并非实体书店转型灵药

黄启哲

专家认为：通宵书店让"夜读"成为城市的一种时尚生活方式，让大家在 K 歌、泡吧之外，找到一种更优雅文明的夜生活方式，赋予传统阅读以时尚的新内涵，自然有更多人愿意走进书店，体验书香文化。

转向"做小做精致"

文汇报：通宵运营会对书店生意产生什么样的推动作用？

董谋谞：主要作用体现在知名度的提升上，能产生如此大的社会效应也是我们没有料到的。许多顾客可能不会在晚上来体验深夜阅读，反而会在白天慕名而来，为的就是来看一看"24 小时营业的书店有啥特别"。虽然没有数据能直接反映通宵运营为书店带来收益，但是两年间，书店仅图书的年平均营业额相比于过去，就提升了两成。

文汇报：做一个通宵书店需要具备怎样的条件？

张颐武：首先要有合适的地段，北京三联书店地处城市中心，附近有美术馆等时尚场馆，带来人流量的同时，也能形成集群效应；其次书店自己要有一定的规模，并且具有一定的品牌知名度。值得一提的是，一定的政府补贴也能为运营减轻压力。

董谋谞：通宵书店不需要太大的店面，也是顺应了实体书店在网络书店冲击下,从"做大做强"转向"做小做精致"的路线。所以,在改造时,我们将两层的楼面减少为一层,同时增加桌椅、咖啡吧等公用设施。两年下来,运营状况良好。

赋予传统阅读新内涵

文汇报:城市为什么需要这样的书店?模式能否被复制?

张颐武:一个2000万人口的城市,存在相当数量的游客和不眠人,需要有一两个这样的公共空间。事实上,如果这种形式的书店太多,维持起来就有些困难,客观地讲也没有必要。我们谈实体书店的转型突破,也不要过分地简单化,而是要提倡多元化经营,强化体验式文化消费的意义,不能将"24小时"作为实体书店的转型灵药。

董谌谞:上海的人口密度以及特有的文化积淀,为"深夜书房"的存在提供了条件。过去我们的书店一般是在晚上10点关门,后来发现,10点左右会有一个客流和销售的小高峰期,于是就设想,如果把结业时间延后,消费者会在几点离开呢?最初是想做成"子夜书店"的模式,即在凌晨1点到2点关门。最后决定一鼓作气,在沪上率先打出"24小时"的概念。选在福州路店,一方面因为地处商圈,人流量比较大;另一方面这里是我们自主物业,不像其他店面受所在商场营业时间的限制。不过,这样的通宵书店宜少不宜多,晚间阅读毕竟违背生活作息,属于小众人群的特殊需要。

文汇报:通宵书店对于城市文化和阅读习惯的养成有着怎样的意义?

张颐武:读者到书店来,不仅是买书,还伴随着一系列消费行为的完成,看看书,喝喝咖啡,见见朋友,买买文化周边产品。而通宵书店让"夜读"成为一种时尚生活的方式，让大家在 K 歌、泡吧之外，找到一种更优雅文明的夜生活方式，赋予传统阅读以时尚的新内涵，自然有更多人愿意走进书店，体验书香文化。

董谨谔：有一次我坐出租车，我只对师傅说去通宵书店，没想到师傅熟门熟路，可见它已渐渐成为了文化地标式的存在。全民阅读不仅仅是要依靠通宵书店这样的创新模式，还需要整个行业大环境的共同努力，创作更多好书，提供更好的阅读环境，以及一系列推广宣传活动都是必不可少的。

本文刊于《文汇报》(2014 年 4 月 26 日)

"深夜书房"出路或在突出文化角色

禾 刀

　　继北京三联韬奋书店 24 小时营业后，全国各地多家书店也相继延长营业时间。作为一家民营书店，南京先锋书店自 6 月 14 日起延长营业时间至凌晨零点，并推出"午夜文学""午夜视觉""午夜行走"等主题文化活动。

　　提起书店，我们常常会言及被誉为巴黎文化地标的莎士比亚书店。于 1919 年在巴黎左岸开张的莎士比亚书店荣誉载身：被誉为"世界上最美的书店"之一，是巴黎的文化地标和全世界独立书店的标杆，吸引了乔伊斯、海明威、菲茨杰拉德、纪德、拉尔博、瓦乐希、安太尔等作家与艺术家。莎士比亚书店之所以名人云集，除了因为出版乔伊斯的《尤利西斯》，书店里还经常举办一些由作家自己朗诵还未发表作品的活动。也就是说，在莎士比亚书店里不仅可以购书，还可以偶遇文化名家，听他们朗诵，甚至有机会同他们面对面交流。

　　不难看出，莎士比亚书店之所以能够成为一座城市的文化地标，首先在于文化的认同而非商业的出色表现。尤其在当下当书店在商业运营方面无法取得决定性突破时，其存在的价值更大程度上是突出文化角色。显而易见的是，这正是现在一些书店的短板，即过于重视装修，突出休闲，反倒忽视一些更具文化气息活动的开展。

　　具体到"深夜书房"，笔者比较关注两点。首先是这个书店在商业上是否有明显突破，其次是书店的文化特色到底是什么。换言之，在实体书店风声鹤唳的今天，书店确需商业创新，但更需在文化建设方面作出努力。或许，这才是实体书店自我救赎的出路所在。

本文刊于《中国新闻出版报》（2014 年 6 月 27 日）

四、媒体关注

老品牌新举措：做全民阅读的践行者

——专访生活·读书·新知三联书店总经理樊希安

吴琪　阿润

导　言

书籍、灯光与咖啡，使得 24 小时营业的三联韬奋书店，成为文化青年新的时尚之地。拥有老品牌的三联，希望将夜读培育成独特的公共活动，让更多人前来体验实体书店不可替代的魅力。

出乎意料的读者热情

三联生活周刊：三联韬奋书店通宵营业后，网络上有很多人都在传播这个消息，充满好奇与欣喜。我们身边不少朋友提出，要找出时间去体验一下夜读。书店 24 小时营业之后的反馈，与您的预期一样吗？

樊希安：这次读者的热情，大大出乎我们的意料。书店 24 小时试营业是从 4 月 8 号开始的，我想先试营业，看看反馈再做宣传，只在豆瓣上发布了一点消息。谁知就在 8 号当晚，就来了几十家媒体采访，有境内的也有境外的，还有一些媒体采访了一遍之后又来了，我们没有想到这把火烧得这么大。

从 4 月 8 日到 17 日，试营业 10 天销售情况非常好。没有 24 小时营业的时候，书店一年的营业额是 1300 万元，平均下来一

樊希安总经理接受采访

天 3 万元左右。11 日，也就是深夜营业的第一个周五晚上，就已经达到了 3.5 万元，试营业 10 天以来的销售情况是驼峰形式的，周五和周末销售量激增，总销售额是 65 万多元。

三联生活周刊：您提到两个群体对 24 小时书店感兴趣，一个群体是读者，一个群体是媒体。

樊希安：媒体对 24 小时书店的关心也是让我们很意外的。夜间营业一周后，媒体报道已经有 3580 条，现在店里我、张作珍、李昕几个老总接待不过来，这是以前没有过的。新华社等中央媒体、北京地方媒体、香港媒体、韩国电视台、半岛电视台都来做报道，有些媒体好几个部门都来和我们联系。

4 月 16 日凌晨四点我去店里看经营情况，当时店里有 31 人，有一个女孩背着一个照相机，我问她你是哪儿的，她说是《中国青年报》的摄影记者。为什么媒体会对通宵书店这样感兴趣？我琢磨了一下，现在的媒体是年轻人的天下，这一次书店 24 小时营业恰恰是捅了年轻人的心窝，媒体人都是喜欢读书的人，他们既是媒体人也是读书人。我想媒体人本来就是新闻出版行业的从业者，和书店有种唇齿相依、共生共荣的关系，所以他们会更加关心。从各地媒体对书店生存状况的关心和堪忧能看出，他们希望书店好。书店生存状态的好转也和媒体人持续不断的呼吁有关。

三联生活周刊：从您深夜去书店看到的情况来分析，什么样的读者喜欢夜读呢？

樊希安：凌晨四点在书店读书的读者大部分都是年轻人，女性读者居多，她们喜欢这样的生活方式，我想这可能是一个重要的原因。另一方面，市场经济发展到今天，我们面临发展选择的问题，我们一味地强调 GDP、强调经济、强调金钱，如果不强调文化，不强调心灵的塑造，我们的发展是难以为继的。我想媒体人都是比较敏锐的，他们意识到了这个问题。

三联生活周刊：书店对北京的读者阅读习惯有什么样的了解？

樊希安：现在我们还没有深入那么细，我们是在边做边了解这个市场。从这十天的试营业情况来看，夜间的销售额高于白天的销售，而白天的销售也得到了有效的拉动。比如13号这一天，白天的销售达到了7万多，我们往常的销售平常不超过3万，周末三四万左右。上周六的夜间营业有四百多笔销售，来了八百多人。

我凌晨四点去过，早上七点去过，中午十一点也去过，一般早上的人比较少，有一次早上七点的时候店里只有11个人，我就问收银台，为什么这个时间人这么少？他们说晚上夜读的人这个时间就坐早班车走了。从现在的观察来看，夜读的读者主要是年轻读者、在北京当地的读者。外地读者也有来北京旅游顺便来体验夜读的。我碰到一位读者从上海来北京出差，本来已经买了回上海的票，听说三联书店24小时营业，又退了票来体验一下。这样的读者很让我们感动。

全民阅读的实践者

三联生活周刊：是不是因为现在实体书店遇到的困难非常大，三联作为老的国企品牌做出新的尝试，也给了大家一个期望，希望文化老品牌能够适应新的市场需求？

樊希安：这也是一个原因，实体书店的经营越来越难，这种风景在城市中逐渐消失，国家已经在重视这个问题。我们能够运行24小时书店，我想这里有一些前提条件。首先，这是由三联书店重视社会公益性所决定的。今年一月份，李总理主持座谈会，听取各界对《政府工作报告（征求意见稿）》的意见和建议，我作为新闻出版界的唯一代表，提的建议就是倡导全民阅读。我说希望报告能写上倡导全民阅读，几个字虽然不多，但是有导向作用，读书对于提高全民素质，推动社会进步确有重要作用，我所知道总理自己非常爱读书，三联书店80年店庆的时候他给我们写过信，提出只有读书才能掌握新知。

《政府工作报告》后来把全民阅读写进去了，这是我们新闻出版战线一致的呼声，是大家的共识。阅读已经上升为国家行动，那三联书店是不是应该为倡导全民阅读做出一些贡献呢？能不能带个头呢？这是我的一个考虑。第二个考虑是，三联书店有传统，韬奋先生倡导竭诚为读者服务，生活书店的精神主要是服务精神。只要我们有条件，我们就为读者服务，几十年了这种精神一直在传承，24小时书店是我们为读者服务的一种新方式。

三联生活周刊：24小时营业的点子是很久之前就有的吗？

樊希安：大概2008年我去台湾访问，晚上去24小时营业的诚品书店，感觉深夜也能购书很温馨。我心里就想，什么时候咱们也能24小时营业？比如我白天比较忙，下班以后想去看看书。有时候正想买，就已经接近书店下班时间了。我们关门的时候，往往还有顾客想往里进。我当时还没有敢想办24小时书店，想延长一些营业时间就好了，但是当时没有条件。

三联生活周刊：主要是缺乏哪些条件？是不是对经营上的考量比较多？

樊希安：诚品书店是一个大公司经营的，是多元化的经营，销售的有服装、百货、创意产品等等，书是它经营的一部分，它有综合经营的效果，不用担心图书上赔钱的问题。三联韬奋书店因为面积所限，不可能搞多种经营，这是我的第一个担心。另一方面，台湾的气候是亚热带气候，晚上也比较暖和，进进出出都没有寒冷的感觉，而我们北方的冬天是很冷的，大家更喜欢在家里，书店到了晚上可能就很少有读者了。

真正让我觉得 24 小时营业可行是在去年下半年，有两件事给我很大的启发。第一，这两年我们把二楼租给"雕刻时光"来经营，前两年我去"雕刻时光"喝咖啡，空位很多，去年下半年以后，我发现去了找不到位置，我发现，地铁 6 号线开通后，美术馆这里交通更加便利，客流明显增加。

更重要的是，国家开始重视扶持实体书店，去年年底，国家新闻出版广电总局会同财政部开展实体书店扶持试点工作，12 个城市的 56 家实体书店得到 9000 万元补助。北京有 5 家，其中只有我们一家是国有企业。虽然分给我们的只有 100 万，但是很温暖。我当时就在想，这 100 万要怎么使用？去年年底财政部、税务总局出台新的税收政策，对实体书店的增值税予以减免，国家免收的税收一年在 33 亿左右，那么也就是实体书店增加了 33 亿的收入。以三联韬奋书店为例，我们去年的盈利是 40 万，假如我们不交税，我们的利润是 100 万。那么，如果国家拿 100 万，我们自己能挣 100 万，加上我们夜间经营肯定也会有经营的成果，我脑袋瓜一下子就清晰了，24 小时书店要能成了。

另外，我发现周边的商圈也在逐渐形成，南边有王府井步行街、商务印书馆、人民艺术剧场，西边有美术馆，东边有隆福寺商圈、长虹电影院，我们三联书店有韬奋图书馆、读者俱乐部、书香巷，我们自己打造的三联文化场已经见到成效，这周边的文化氛围更加浓厚。

三联生活周刊：也就是说如果经营夜间书店，每年需要 200 万的开支？

樊希安：房子是我们自己的，书店晚上的时间闲着也是闲着。24 小时营业主要的费用来自人工成本，其他的费用还包括电费、水费等等，第一年还需要换一些空调，增加冷风和热风的供应，书架要更换，门脸的美化，书店前停车场的平整，头一年我们需要 200 万。不过成本会逐年减少。如果我们经营得好，即使国家不拿那 100 万，我们也能自负盈亏。

老品牌的创新

三联生活周刊：不少人在讨论，为什么三联韬奋书店会成为北京的第一家 24 小时书店？这么多民营或国营书店不去做这件事情，是不是说明这个市场非常有限？

樊希安：据我们所掌握的信息，除了台湾的诚品书店之外，成功的 24 小时书店并不多。上海开办过，但是也遇到困难，我到全国各地都去新华书店，我们也探讨过夜间经营的问题，有新华书店开了 24 小时的书吧，但是它的消费比较贵，可以喝点茶，谈谈事。Page One 是周五、周六 24 小时营业，北京有一些书店正在筹备开 24 小时书店，也有人说被老樊抢了先。我确实一直没有和别人说起这件事。整个三联书店的经营形势比较好，去年的营业收入达到 2.7 个亿，利润达到 6400 万，我想国家给拿了 100 万，韬奋书店自己有经营收入，三联书店再拿一点钱，我们服务读者是应该做也必须做的。我能感觉到大家对三联这个品牌的尊重，很多读者也是冲着三联的图书来的，虽然我们店里卖很多出版社的图书，但是三联的图书还是很多的，他们认为三联是知识分子的精神家园，他们也对三联书店有更多的期待。

这些年我们的社会公益事业也在逐步延展，韬奋图书馆是全国第一个出版社面向社区的图书馆，完全是赔钱的，每年我们也要有 300 万左右的投入，哪怕开放日来一个读者，我们也服务。24 小时书店也是为读者服务的延伸。在我心中，这种 24 小时营

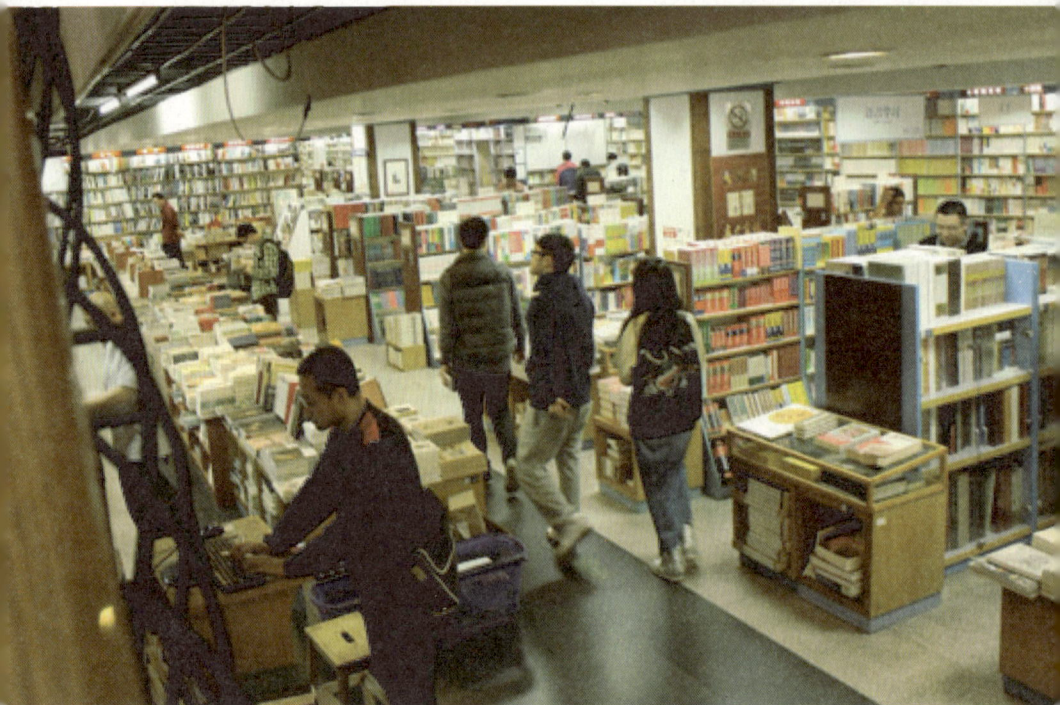

流连购书

业不仅仅是时间的拉长，而且是整个经营的升级、转型和换代，提高我们的服务质量。

第三个考虑是，我想在国家利好政策的情况下，改善我们的经营，拓展我们的经营模式，我们以前没有尝试过24小时书店，那就试一试，也有人表示怀疑，我说我们努力去办，如果办不下去了，关张就是了，我们就知道，我们在北京、在三联书店做不了这样的事情，也不留下遗憾。从另一个角度说，我觉得这是提高我们品牌影响力的，韬奋书店刚开办的时候，是北京一道亮丽风景，也是一个标杆店，后来有经营不善的问题，我们也是想通过 24 小时营业重振雄风。

三联生活周刊：这会不会使得三联书店在出版内容的导向上，今后会更接近年轻读者？

樊希安：这件事情给我们一个启发，我们还是要坚持创新。我们在经营的模式上有创新，我们在图书的出版上也应该打通一条新路。现在也在实施这样一些新的战略，过去我们三联书店提出来品牌战略、人才战略和企业文化建设战略，现在我们提出的新战略是坚持数字化出版，坚持国际化。我们现在也在把《三联生活周刊》的内容分为春夏秋冬四个卷在法国出版。我们现在要求各个分社能够独立自主、自负盈亏，能够有更多的自主权，每个人的创意都能不断涌现，通过我们的激励模式调动每个人的积极性。

三联生活周刊：您有没有做过坏的打算，万一在经济上很不划算的话，会有一个多长的试验期？

樊希安：开始的时候，我心里也不是很有底，我的主要经验是在图书出版上，不在销售上，但是我这个人比较爱闯，敢于尝试。24 小时营业能不能长期坚持下去也是关系到三联书店名誉的，如果开不下去我们就关张，我们今后也不做这个打算了。其实我心里一直是忐忑不安的，有一点底的地方在于我算了一笔账，投入并不多。韬奋书店背后毕竟有三联书店这棵大树依靠，国家给的 100 万点燃了我们的热情。我心里没底的是客流，我想为读者服务，但是晚上如果没有人，读者如果太少，我们 24 小时营业的必要性就要考虑了。让人高兴的是，经过了 10 天的试营业，韬奋书店 4 月 18 日晚正式成为全天不打烊的 24 小时书店，给我们这个老品牌带来了新的活力。

本文刊于《三联生活周刊》（2014 年第 17 期）
原题目为《让一盏灯点亮一座城市》

三联书店 24 小时试营业 6 天
书店夜场销售额超 17 万

王鹤瑾　李京

"三联书店 24 小时试营业 6 天，夜场销售额已经达到 17 万，平均每天将近三万，这远远超过我们的预期。"今日三联韬奋书店总编辑李昕做客人民网文化频道，介绍"三联 24 小时营业书店运营情况"时说。

李昕坦言，打造 24 小时营业书店的想法由来已久。他说："我们考虑过借鉴台湾诚品书店模式，但实体书店的房租和人力成本都在提高，在经营上很困难。"国家最近出台了资助实体书店经营的相关政策，三联韬奋书店得到中央财政 100 万的支持，他认为："开办 24 小时营业书店的时机到了。"

李昕表示，最初测算 24 小时书店营业额为一年 400 万，平均每天 1 万，能够保本运营。实际情况出乎意料的好。他说："试营业 6 天，夜场销售额已达 17 万，平均每天将近三万。我对书店长期维持很有信心。"

李昕认为倡导全民阅读需要一种公益精神，不应太计较商业利益。三联没有把办 24 小时营业书店当作商业行为，从开办之初考虑的就是它为社会提供的文化服务功能。他说："24 小时营

三联书店总编辑李昕接受人民网采访

业书店建立了和读者联系的窗口，也是展示三联品牌形象的一个平台。"他表示，开办 24 小时营业书店体现了邹韬奋一直主张的为读者服务的精神，这种精神也是三联一直坚持的传统。

本文摘自人民网文化频道（2014 年 4 月 15 日）

给读书创造良好阅读环境

—— 专访三联书店副总经理、北京三联韬奋书店
总经理张作珍

倪 成

从三联韬奋24小时书店4月23日正式营业，至今已有月余，目前书店的整体经营情况如何？面对网友的赞许或疑惑，书店又有如何回应？中国出版传媒商报记者带着这些问题采访了三联书店副总经理、北京三联韬奋书店总经理张作珍。

记者： 从正式开业至今已有月余，三联韬奋24小时书店目前的整体经营情况如何？作为管理者，您是否觉得三联韬奋24小时书店已经寻找到了很好的营利模式？

张作珍： 可以说，自4月8日试营业至今，因为读者的热情以及媒体的促动，三联韬奋24小时书店人流量和销售量都保持在高位，数据远超过我们预期。从三联韬奋24小时书店4月8日到4月16日八晚试运营来看，效果良好，每晚平均售书251笔，销售额达到2.87万元；同时也拉动了白天的销售。在4月23日正式开业后，也还保持着良好的销售势头，尤其是书店通过在夜间举办一系列阅读分享活动，得到了更多读者的支持。4月26日晚，书店举办的纪念马尔克斯的接力读书会活动中，有几百位读者参加阅读，并一直延续到4月27日清晨。4月26日书店

张作珍副总经理接受采访

夜间销售额达 5.6 万元，白天销售额达 9.2 万元，都达到书店的历史最高。

从目前的经营情况来看，三联韬奋 24 小时书店已初步取得了社会效益和经济效益双丰收，形成了国家重视、媒体青睐、读者支持的局面。三联书店也通过 24 小时书店的开业尝到了甜头，不仅进一步提升了书店品牌与影响力，也为书店迎来了新的发展机遇：嗅觉敏锐的供应商早已与书店谈重点合作、促销、买赠、换购等多种合作方式，其产品销量呈井喷式上升，像我们与庄婧书坊推出的一系列阅读活动等，取得了较好的反响；更有知名企业提供工服赞助、桌椅台灯赠送、资金支持等。这些都进一步推动了 24 小时书店的发展。

三联韬奋 24 小时书店目前的经营还比较纯粹，以书为主，定位为图书、报纸、期刊的售卖——这也是拨动媒体和读者的那根弦。一些中高档的文创产品是书店下一步关注的目标，目前已推出的三联书店自己设计的如书签、购物袋等产品，已得到了不少读者的肯定；书店还将通过举办高品质的读书会、签售活动来吸引读者，这些都将成为书店经营的有力支撑。

记者：有不少读者对三联韬奋 24 小时书店的未来表示怀疑，认为书店最终将难以为继，也有人说 24 小时书店的存在完全没有必要，对此，您如何看待？从正式开业至今，您如何评价三联韬奋 24 小时书店对促进全民阅读的影响？

张作珍：对于 24 小时书店，仁者见仁，智者见智，不管别人怎么吐槽和疑惑，我们仍决心给读书创造良好的阅读环境，欢迎来阅读。

2008 年，三联书店总经理樊希安在我国台湾考察出版业时，受到诚品书店启发，就有创办 24 小时书店的想法，但考虑到北京的环境还不是很成熟以及 24 小时开放的高额成本，计划便暂时搁浅了。2013 年，国家拿出一笔资金资助了全国 56 家书店，其中三联韬奋书店获得了中央文化产业发展基金 100 万元的补贴。另外，根据《财政部国家税务总局关于延续宣传文化增值税和营业税优惠政策的通知》，自 2013 年 1 月 1 日至 2017 年 12 月 31 日，免征图书批发、零售环节增值税。有了国家这些扶持，书店每年免税额可达五六十万元，如果营收与投入持平，三联韬奋书店 24 小时营业就能长期运行下去。另一方面，即使政府扶持力度减小，我们也会、也能坚持把 24 小时书店做下去。三联书店每年的营收有几千万元，24 小时运营不会成为太大拖累，就也能长期坚持下去。

推动全民阅读，是三联书店开办三联韬奋 24 小时书店的初衷。我们首先考虑文化影响和读者需求，北京市新闻出版广电局也将三联韬奋书店作为北京市的试点店，这对促进全民阅读和文化繁荣有着重要的现实意义和示范作用。

记者：三联韬奋24小时书店从试营业至今，有没有发生让您感动的事情？

张作珍：读者的肯定是让我最感动的事情。从三联韬奋24小时书店开业至今，店内的留言榜上已经留下了数百位读者的留言与期许，这是对我们的肯定，也是鞭策。4月26日晚我们举办了纪念马尔克斯的接力读书会，几百位粉丝读者参与。4月10日，试营业的第三天，一位就读于清华大学通信工程专业的大学生22点左右到三联韬奋书店选书，在4月11日7点半结账时，共买了1980多元的书籍。结完账，他钱包里的现金只剩下10多元。有一位上海读者在北京出差，听说三联韬奋书店要24小时营业，退掉了原本订好的返程车票，到三联韬奋书店体验"不打烊"的读书氛围；还有一位河北邢台的读者，从媒体上得知24小时书店的信息，专门从邢台坐火车过来体验；还有从山东、陕西、甘肃等地带儿童和家人到书店体验的。有了这些可爱的读者，我相信书店会越办越好。非常感谢读者对三联韬奋书店的厚爱。

除了读者，三联韬奋24小时书店的全体员工也让我感动，没有他们的努力，三联韬奋24小时书店就没有今天的发展。从24小时书店的筹备到开业，时间短，任务重，我们的员工们通力合作，在短期内实现了店面调整、装饰设计、活动协调等各项具体工作的安排，在较短的时间里适应了书店24小时营业的新情况，他们辛苦付出造就今天24小时书店的成功，他们也在用自己的实际行动践行邹韬奋先生的"竭诚为读者服务"的店训。

本文刊于《中国出版传媒商报》（2014年5月23日）

24 小时书店：能走多远

央视《新闻 1+1》
主持人：王宁，评论员：白岩松，
策划：王茜，记者：代钦夫等

主持人王宁：观众朋友晚上好，欢迎走进《新闻 1+1》。相信今天下午很多的手机用户，都和我一样收到了一条手机短信，上面写的是"今天是世界读书日，你读了吗？"确实，当一页页的书香慢慢地在更多时候被隔上了电脑屏幕，当曾经我们和家人一块去逛书店的那种恬淡，慢慢地变成了一张又一张的快递单据签字的时候，我们确实得问问自己，我们有多久没有读书了？有多久没有去书店了？如果说现在有一家 24 小时连轴转不打烊的书店出现在你面前，你会喜欢吗？

记者：您怎么看待这个城市有一个这样 24 小时不打烊的书店呢？

北京市民 A：这是一件好事，现在能不能维持我觉得是一个问题。

北京市民 B：24 小时不打烊书店？最多也就买书方便一点，不过现在都网上买书了。

北京市民 C：我觉得它应该是个好的尝试。

北京市民D：可能更适合年轻人。

北京市民E：让我们能够有更多读书的地方。

北京市民F：现在的社会怎么说呢？整体来说是比较浮躁的，很少有这么一个能静下心来去看书的时间。

主持人王宁：看完了这个采访，我特别想问一问我的同事，也是今天我们节目的评论员。岩松，你个人认为这个城市真的需要一个24小时不打烊的书店吗？

评论员白岩松：如果这家书店只是以24小时来销售图书的话，那我觉得可有可无，因为互联网上早已经24小时去卖书了。但是如果24小时不打烊的书店是以销售、以阅读为中心的新的一种生活方式的话，那我觉得，对于北京这样的，包括很多个中大型城市来说太需要了，因它代表了这个城市的态度和一种追求。

主持人王宁：你指的生活方式是什么？

评论员白岩松：我觉得生活方式就是，也许你一直就停立在这里头，很多人可能知道，今天没有去，明天没有去，但是你只要在，我心里就安，有一天我可能就会去。另外还有很多生活在这个城市，以及流动来到这个城市的时候，今天晚上可能就想寻找一种新的体验，与书香有关，与精神有关，与一种首都的氛围

有关，他可能就去书店了。有，就为别人的需求提供了一种供给，我觉得这就是一种生活方式。去的人不一定仅仅是为了买书，而是一种感受，一种与精神感受有关的这样一种场所，我觉得非常重要，北京这座城市，早就应该有这种与文化相关的新的生活方式了。

主持人王宁：确实现在大家都在说，我们什么时候才能让心灵真正地宁静下来。有个书店在这，我们的心是不是能够真的静下来了呢？可能很多的老北京人特别熟悉的北京市美术馆东街22号就有这样的一家书店，它是北京的第一家24小时书店，它的名字叫做三联韬奋书店，到底它会不会成为北京人的一种精神归属，甚至全国人的一种文化和精神的归属呢？我们的记者特别花了一整晚的时间探访了这家深夜的书店。

解说：或站或坐，有专注有犯困，这就是深夜中的北京三联韬奋书店。自从4月8日开始尝试24小时通宵营业以来，这样的景象每天都会出现。事实上，作为北京第一家深夜书房，不但吸引了许多挑灯夜读的读者，也引来了社会各界的关注。人们想知道，这样的尝试究竟会获得什么样的回应？

王玉（三联韬奋书店经理）：周五、周六、周日这三个夜班来看，现在以高校的年轻人，还有上班族的年轻人居多。

　　解说：坐垫、小马扎、书桌、台灯还有 24 小时咖啡厅，这些都是三联韬奋书店特意为夜间读者们准备的。除此之外，夜间到店的读者还可以享受打折、换购、返券等优惠，种种举措就是为吸引读者，也同时为他们提供了一个更为舒适的环境。

　　读者：大家现在手机、iPad、各种新媒介很多，可能使我们静下心来看书的机会就少了很多，真的很遗憾。所以我想有这么一个好的文化场所，可能为我们能够静下心来看看书真是挺好的。

　　解说：作为北京首家也是唯一一家 24 小时营业的书店，经营者心怀忐忑，抱着尝试之心，但 10 天的试运营，结果却出乎他们意料，10 天来，书店晚 9 点到第二天早 9 点的平均销售额至少为 2.5 万元，最高的一天达到 4.5 万元，这一数字已经接近书店日间的销售额。

　　读者：北京这种大城市，24 小时的便利店、饭馆、洗脚房什么都能有了，它就应该有一家书店。这次三联办这个 24 小时（书店）我觉得也是到了承认北京这个城市文化底蕴的时候了。

解说：作为尝试就免不了有质疑，有人担心虽然短期内书店运营良好，但长此以往是否也会面临很多困难？也有人提出，24小时书店并不符合北京居民的生活规律，但更多的人依然是认同这家24小时书店所带来的象征意义。

读者：它就是像个灯塔一样，因为黑夜里追求知识的人随时看到光明，它的象征意义比经济收益要重要。

解说：今天，北京三联韬奋书店举行了24小时书店开业仪式，而与此同时，关于不打烊书店应成为城市精神地标的声音，也似乎赋予了三联韬奋书店更深远的意义。那么，这个24小时的书店真能成为这座城市的精神地标吗？

主持人王宁：是啊，这一座24小时的书店真的能够成为这个城市的精神地标吗？真的能够让我们所有的人都找到一种精神的归属吗？我们就来看看，这家书店在多大程度上给予了我们营养。比如说在这个书店试营业之后，有一些读书人，或者是来到这儿的一些顾客就留下了一些这样的留言，比如说，和喜欢的人读喜欢的书是多好的事。还有这样的一条说，来到这之后，心里就暗暗地想，以后不会再长久地离开了。我想问一下岩松，大家这样的一些书写，是不是意味着大家已经心里接受了这样一个精神地标对于这家书店的定义了？你好像也去那体验了，你觉得呢？

评论员白岩松：对，因为这些年来，其实由于对台湾诚品书店24小时不打烊这种宣传已经足够有烈度了，因此中国相当多的城市以及相当多的城市当中的阅读群体都会有一种巨大的焦虑，这焦虑就是，这种24小时的书店什么时候会在我们身边出现呢？我觉得诚品一直是种巨大的压力，北京当然也在承担着这样的压力，因此当它一有了24小时书店以后我就赶紧去了。半夜11点的时候去的，人很多，记者也不少。我非常高兴，但是高兴完了以后并不是立即鼓掌，我也买了300多块钱的书，其中我觉得由几个因素构成，第一就是，相当多的人会觉得新鲜，这是一种很新鲜的感觉，我要去体验，到底体验者和未来长期进书店的人群有多大之间的差别我觉得需要观察。第二，的确，北京这座城市会有很多的夜猫子，他们喜欢 24 小时，尤其后半夜这样的一种阅读，因此这个基数到底有多大，我觉得也需要慢慢通过正式开业去观察。第三，我觉得有一点是不能回避的。对于三联书店，作为老读者，我拥有的卡也只能打九五折。大家要知道，在互联网买书的情况下，九五折几乎是等于没有折扣。但是，在试营业期间，三联全场八折，因此八折所带来的销售额和人流到底起到了多大的作用，我觉得这也需要观察，因为正式营业之后这个八折就没有了，其实我个人反而期待，在未来，它的 24 小时营业进入到午夜时分的时候，应该也是全场九折，互相妥协一点，这样可以维持一个更好的人流。所以我说，非常高兴看到终于有了，但是另一方面，不急于鼓掌，因为这是一个市场环境的情况下，需要再观察很长的一段时间我们才能得出结论，不能让人只当雷锋，却腰包里亏得一塌糊涂。

主持人王宁：其实说到它是不是赚钱，或者它有没有亏本，我们也特别做了一个调查。我们看到，截止到 22 日，这个韬奋书店晚上的销售额是 36 万块钱，我们特别找了一下，它有一个最高的销售额是 4.5 万，它最低的时候还有 1 万多块钱，有的时候甚至相当于韬奋书店白天一半的营业额了。而最重要的是客流量，我们看到，在晚上的零点以后，在店的读者只有 50 到 100人，而到了清晨的时候，只有 50 个人左右，不到 60 个人，所以很多人就会有疑问，政府补贴了那么多钱，大概有 100 万，还有各种免税的政策等等，还有各种各样的成本，为这几十个人服务值不值？

评论员白岩松：为几十个人服务当然值，如果要是就剩 10

来个或者五六个的时候就需要重新评估，另外我觉得一定要用市场经济的眼光去衡量，有很多人说，不要看经济效益，要看社会效益，这话其实是空话，因为真正如果要是亏得很多，那可是三联要自己背的，楼是三联自己的，少交租金，另外有很多免税的政策，但是接下来还需要长期的运营。台北的诚品书店，从2005年我去拍摄，一直到现在，我前后3次都是在午夜时分去的诚品书店，我觉得有三点是非常重要的。第一个，台北这座城市拥有一个庞大的24小时有阅读习惯的人群，有了这样的基数，这样的书店才可能生存下去并且盈利。第二，台北的诚品书店本身就是在销售一种生活方式，它的空间很大，设计都错落有致，让人们随时可以坐下。甚至24小时不打烊的书店，一定要为人们偶尔打一会盹提供相关的服务，但是现在的三联书店几乎很难做到。第三点，台北这座城市一年四季的温度非常高，有大量可以在外面游荡包括24小时不睡觉的人群，因此我觉得在北京也需要理性的评估，是不是从春天到初冬可以24小时营业，但是天真凉了之后，开到晚上12点就可以了。

　　主持人王宁：所以客观地说，由于这三个屏障，您对于它是不是有持续性是有所担心的？

评论员白岩松：我觉得我们拥有一种巨大的焦虑，也希望我们生活的城市有这样的 24 小时（书店），而且这样的人群也在增长，我觉得这都是好的。但是另一方面我们要一步一步去向前走，文化的发展是不能大跃进，不能因为我们的焦虑立即就让它变现，我们的幸福要让别人以痛苦的方式来承担，尤其市场经济的环境下，但是我期待我们能够养起（书店）。这么大一座城市，北京市算上流动人口，有 2000 多万，我们应该足够支撑起有一家，甚至两家、三家 24 小时营业的书店，想想看，我们的饭店有多少是 24 小时营业，都被我们扛住了，篝街火着呢，离三联书店非常近，我希望将来它们有直通车。

主持人王宁：真是，但是我不知道对于三联书店的运营者，他会不会有这样的担心？我们通过短片来看一下。

解说：樊希安，北京三联书店总经理，书店 24 小时不打烊的想法，最初便源于他作为一个老读书人的切身感受。

樊希安（北京三联书店总经理）：我自己也很喜欢看书，有时候白天忙碌一天以后，晚上想到我们楼下书店转一转，买点书

的时候，（书店）到了九点就下班了，也发现很多人这时候往书店里来，说不开了不开了，关门了，就有点很遗憾的感觉。

解说：但运营一个24小时不打烊的书店，当然不能仅基于一个美好的愿望。樊希安和书店的同仁们认准的是城市发展需求给24小时运营带来了巨大可能。

樊希安：八年前我们不会有这个想法，五年前也不会有这样的想法，三年前也不会有这样的想法，但是到了去年的下半年，我这种想法就非常强烈，我就突然感到，我们周边的文化商圈逐渐形成，特别是交通（便利），所以就促使我们考虑，条件成熟了。

解说：当然，在樊希安看来，支持书店24小时不打烊的内在基础，还是现代人们对生活方式的多元化追求。

樊希安：现在随着生产、生存方式的改变，我们人们的多元化的生活方式的存在，他有这样的需要。现在来的人有的是恋人，有的是闺蜜，有的是朋友，还有在我们这里开阅读会，读书是可以在很多地方读的，但是有的人就愿意在公共场所，公共场所很温馨，可以交流，我觉得现在多元化的问题确实需要我们重视。

解说：有了想法，有了可能，有了需求。而到了实际操作的阶段，樊希安面对的一个最现实的问题，恐怕还是资金上的保障。

樊希安：去年咱们国家扶持实体书店，国家给我们100万的资金，这钱怎么花，用到哪方面去的时候，就想可不可以尝试搞个24小时书店，投入并不是很多，国家给拿了100万，我们自己能拿出100万，投200万就够了。

解说：面对一个新的尝试，当人们在度过了最初的新鲜感之后，后续如何持续和发展恐怕也是樊希安要面对的问题。

樊希安：18日的时候，中央人民广播电台《小马读书会》参加的有一百多人。今天晚上是"北京阅读季"来搞活动，我们已经和有关社会公益团体签订了协议，争取每周要搞一个活动。

24小时书店：能走多远？

21:32

记者：在未来，随着我们影响力扩大，也可能会有各种各样的人群不单单是为了阅读到来的，会用什么样的方式来对待呢？

樊希安：比如说有人问我们，如果乞丐来或者打工族来，你欢迎不欢迎？我们是包容所有的读者，我们都为你服务。

主持人王宁：我们看到，虽然解决问题的办法有很多，但是岩松我也很想问，一个书店真的能够承载一个城市的精神地标这份重量吗？

评论员白岩松：我想国家领导人给这个书店写信，本身20%是写给这家书店的，剩下的80%是写给（全民），希望全民来倡导阅读的，同时也是领导在抓落实，因为"倡导全民阅读"已经写进了今年的《政府工作报告》，但是，近些年来一个城市的精神跟这些城市盖的摩天大楼相联系，其实是一个重要的提醒和反弹，什么叫精神地标？那是一个城市长期的追求，没法大跃进。像北京的人艺剧场，我觉得就是精神地标。以前的王府井书店就是精神地标。那天，我路过上海的一个小巷子里头，一个大门我赫然一看，《收获》、《上海文学》、《萌芽》杂志社的编辑部，我觉得这就是一个城市的重要地标。你路过兰州，可能自来水最近有问题，但是如果路过《读者》编辑部的话，你会觉得，这是影响了几代人成长的重要的记忆，因此精神地标不是高楼大厦，不能够急功近利，它需要慢条斯理地去传承，代表一个城市的文化和精神的追求，不仅仅是书店，有很多层面。一个人不读书是你自己的事，一群人都不读书就是一个民族的事了。从某种角度来说，对读书的现状感到悲伤，但是对读书的未来却非常乐观。因为吃饱了穿暖了之后，你接下来的需求是什么？继续吃吗？都吃出高血压了，血脂高了，糖尿病了你还吃吗？就会在精神的层面去多吃美食了，读书就会扮演非常重要的角色。我觉得舌尖之后应该是心尖。另外一方面一定要去解读一下，我觉得不能把手机上网等同于阅读，这是两回事，如果你是在手机上读下载的书那可能是靠谱的。

主持人王宁： 但是我们也看，确确实实这几年你一直都在推动阅读的回归，但是光靠倡议就能让阅读回归吗？

评论员白岩松： 倡导全民阅读已经写进了《政府工作报告》，我觉得它绝不能只是喊几句口号，或者说都在提议大家读书就够了，需要很多推进。比如说从写作者的鼓励角度来说，我们现在的稿酬太低。另外，比如说一本书出完了之后，它的稿费是一次性收税，拿走不少。但是人家可能创作了1年，甚至5年，甚至10年，分解下去的话该不该收这笔税？另外还有，一个市长在规划一个城市的时候，如果纵容或者放任所有的实体书店慢慢都倒闭了的话，将来我们领着孩子去走过一个街道的时候看到的是什么？连暴发户都知道用假书装修自己的房子，市长难道不知道用保留很多实体书店让这个城市更有文化气息吗？另外，我觉得还会去思考很多东西。互联网上去卖书，它上来就很低的折扣卖新书，但是它是为了做促销，去做广告，但是这是合理的竞争吗？我们要不要有相关的保护？比如说新书，或者互联网上最低折扣到什么样的程度？只有一系列相关的动作都做实了，倡导全民阅读才会真正变成现实，我觉得最好的结局不是我们做什么了，而是越来越多的人都愿意拿出更多的时间，手捧起一本书来。

主持人王宁：确实，在准备这期节目的时候，我也看到了，一搜索书店一定会出现很多的书名，其中有一本在很多年前我就看过，它也被拍成了电影，叫《查令十字街的84号》，里面我印象特别深刻，就是那个汉夫小姐写给书店老板的一封信，有这样一封信的内容说的是，春天来了，麻烦您能挑选一本不太煽情的情诗吗？我特别希望能够有那种小开本的，让我可以揣在兜里面去中央公园。现在，北京的春天也已经到了，真的希望在我们去逛公园的时候，也能够看到很多很多的人，带着这样能翻阅的书在公园当中徜徉，感受文化的美意。

本文来源：中央电视台《新闻1+1》（2014年4月23日）

三联韬奋书店试运营24小时营业
重新调整书店布局

上官云

位于北京美术馆东街的三联韬奋书店近日发起了一个名为"读·一夜——三联韬奋书店深夜书房体验交流"的活动，宣布自8日起将试运营24小时营业。

8日下午，在书店里看书的读者大多数并不知道书店将24小时营业。获知这个消息后，大部分读者表示支持，但也有读者质疑，三更半夜的会有人来看书买书吗？不能盈利的话，24小时书店能否办下去？

对此，生活·读书·新知三联书店总经理樊希安表示，书店已经获得中央财政100万元的实体书店专项扶持资金，国家还免征实体书店图书批发、零售环节增值税，所以资金上不会有大的缺口。他同时表示，开办24小时书店，并不着眼于营利，而更多的是追求社会效益，同时扩大三联书店的品牌影响力。

晚上9点半，已过了平时关门时间，记者看到，还有不少读者陆陆续续赶来尝鲜，书店此时的客流量大约有100人，年轻人居多，有来赶论文的大学生，也有下班后特意来"放松自己"的上班族。

据樊希安介绍，三联韬奋书店不仅将营业时间延长至24小时，还将根据夜晚营业特点，重新装修和调整书店布局，形成适合夜读的环境。书店楼上的咖啡馆也将同步24小时运营，并不定期联合举办文化活动。据了解，三联韬奋书店还将丰富夜间销售方式，通过买赠、换购、返券、抽奖等活动鼓励读者夜间购书，推出具有自身特色的文化创意产品。

本文刊于《人民日报》（2014 年 4 月 9 日）

人头攒动的静谧：
三联韬奋书店首个周末夜场即景

倪元锦　鲁畅

除了呼呼作响的排风扇，这里静得和窗外北京的夜一样。

晚上 10 点半，毗邻王府井大街、距长安街 2 公里的三联韬奋书店内，25 岁的张农飞在哲学类书架寻找《德国悲剧的起源》。"工作原因常加班到深夜，这么晚了还能挑书看，安静夜读的感觉真好。"

灯火通明，没有音乐，摩肩接踵，却也安静。11 日晚、通宵试运营的首个周末，记者走进三联书店。首层书架过道站满了人，通往地下一层的楼梯台阶并排坐着三人，只留容一人通行的窄路。晚上 11 点多，整个书店目测约有 800 多人。

大的过道摆着 10 余张蓝色书桌，红色阅读灯亮着。书架旁，几十个白色塑料小凳子也坐满了读者。北京三联韬奋书店 8 日晚首次通宵试营业，从 18 日起正式 24 小时运营。

家住灯市口的丁女士说，平时睡觉也要凌晨 2 点左右，离这里就"一步之遥"，不如在这里"充充电"。书店门口，来自香港的 Tommy 拎着一袋子书满载而归，"经常会去台湾的'诚品书店'，遇到喜欢的就买，逛书店是种生活，除非买不到的会在网上买，其余都会在实体书店买"。

24 小时运营的诚品书店被誉为台湾"文化地标"。台湾诚品集团董事长、创办人吴清友用"喜欢做、甘愿受"形容他心中的书店、城市与文化坚守。在年逾六旬的吴清友看来，不断营造文

人头攒动　　此时无声

化体验是其经营的精髓所在。

在北京工作生活近 20 年的台胞李辉说，若大陆也开办 24 小时营业的书店，北京文化底蕴深厚再合适不过，三联韬奋书店扛起大旗也在情理之中。"对爱书的人绝对是件好事。"

三联书店身着枣红色工作服的傅先生说，这几天夜场读者渐多，"肯定是买的没有看的多，尤其是夜场读者。"傅先生认为，实体书店不仅是售卖场，更是阅览室，电子阅读的碎片化趋势下，书店的阅读氛围依然无法替代。

一张书桌，一盏灯光，比家里更能精力集中，比图书馆更易于取放。室内秒针滴答，窗外"生活""读书""新知"六个大字在夜色中很明亮。

本文来源：新华社（北京）4 月 12 日电

当城市进入午夜，书店就是灯火

刘　彬

近半个月以来，北京的街头巷尾谈论着一个关于"夜读"的话题——位于北京市东城区美术馆东街 22 号的著名人文书店北京三联韬奋书店，从 4 月 8 日起开始试营 24 小时书店，并以"读·一夜"为主题发起夜读体验活动，北京的读书人有了自己的"深夜书房"。

10 天的试运营和调整，4 月 18 日 24 小时书店进入常规运营。

逛书店

4月23日，第19个"世界读书日"，三联韬奋24小时书店正式挂牌营业。选择在这一天正式开业，意味深长。

最好读书时　最好读书处

"何时好读书？时时好读书。最好读书时，我的体会是夕阳西下时、明月当空时、夜深人静时。何处好夜读？处处好夜读。最好夜读处，我的感觉是书垒成壁处、书友为伴处、书香弥漫处、阅购两便处。"在4月23日三联韬奋24小时书店开业仪式上，国家新闻出版广电总局党组书记、副局长蒋建国致辞将斯时斯地融为一体——夜晚的书店，具体来说，"三联韬奋24小时书店，就是这般令人向往、令人惊喜的书店"。

三联书店的老顾客、迪思传媒集团的唐风自24小时书店试营业以来，每晚都会光顾。22日这一晚，《对焦中国画》《启功说诗文声律》《儒学百问录》等12种书，被他心满意足地"请"回家。"我租住的房子紧邻美术馆东街，起初的考虑就是这里的环境——三联、人艺、美术馆。如今，三联韬奋书店变成24小时书店，对于我这个喜欢看书并且看书速度很快的'书虫'，无疑是最好的消息。"

唐风的一个台湾朋友，每每来到大陆都要话里话外地炫耀一下台北的诚品书店，那时的他只有羡慕的份儿。"家门口的三联书店24小时营业了，我以后是不是也可以向朋友显摆一下呢？"唐风开玩笑说。

让灯光陪护读者前行

书店自8日起24小时试营业，当晚销售额为15000元，第二晚 25000 元，第三晚 32000 元……到 4 月 12 日周六的晚上，人如潮涌，夜里 9 点以后进店的客流近 800 人，销售额也逼近 5 万元。试营业前 10 天，每晚平均售书 251 笔，夜场销售总额达 25 万元。

"最让我们兴奋的还不是销售额，而是读者的热情。从试营业的第一天起，就有大量的读者前来捧场，有老顾客有新面孔，每个人都抱着极大的热情。" 22 日晚，三联书店一位夜间销售员告诉记者，学生、白领、工人、做买卖的生意人、附近的居民、外地来京出差的人；有约朋友一起来的，带孩子一家三口来的；有的挑两本书静静地读，有的转遍书店买走 2000 元的书……

樊希安一直在观察，"午夜这一时段来购书读书的全是年轻人。年轻人爱读书，我们社会就有希望。18 日凌晨 1 点，我到书店转一转，尚有 47 名读者，年龄段在 20 至 30 岁之间。读者流的不断递增和年轻人的阅读激情，使我们看到了读者潜在的需求，更加坚定了办好书店的信心"。

樊希安发现，社会发展至今已呈现出越来越多元化的特点，人们不再按照统一的时间上下班，出现了许多自由职业者，"昼伏夜出"的人增多，咖啡馆、酒吧、影院、夜总会、夜店吸引着喜欢夜生活的人们，而爱书的读者也需要一家不打烊的"深夜书房"。

试营业 15 天来，赞誉声此起彼伏——有的读者说三联韬奋书店 24 小时营业"像一盏灯点亮一座城市"，有的说他们"给年轻人的夜生活增添了文化色彩"，还有的说"三联有文化担当文化坚守"……

城市的精神地标

24 小时书店被认为是"城市的精神地标"。但因为成本高、

座无虚席

经营困难等原因，业界鲜有试水者。

三联韬奋24小时书店试运营的消息一传开，人们在点"赞"的同时，心中也有疑问——在图书销售行业普遍不算景气的今天，实体书店维持原有日间运营已经捉襟见肘，如果推出夜间销售服务，勇气之外更要实力。而三联的这份底气从何而来？

樊希安说，创办京城乃至全国首家24小时书店，主要是践行邹韬奋倡导的服务精神，竭诚为读者服务，为读者提供热心、周到、详尽的服务。

"但只是单纯地服务读者，长期赔钱，我们也赔不起。"樊希安说，国家的利好政策和资金扶持，给24小时书店提供了保障。"'提倡全民阅读'被写进《政府工作报告》。去年12月，国家出台政策，免掉书店13%的增值税，书店为此节约成本100万元。

此外，三联韬奋书店去年还获得了来自财政部、新闻出版广电总局100万元的中央文化产业发展专项资金。"

"像现在24小时营业，只需要每年比往常多支出100万元的电费和员工工资等费用。所以，我们理所当然地要当好促进全民阅读的推手。"三联书店副总经理、三联韬奋书店总经理张作珍介绍说，开办24小时书店，不仅仅是经营时间的延伸和拉长，更是企业升级换代转型的一个契机，"我们的着眼点是社会公益，着力点是搞好经营，通过自身努力为实体书店的生存发展闯出一条新路。可喜的是，我们的愿望正一步步变为现实。"

樊希安坦言："书店做24小时是把社会效益放在第一位，三联书店要为推动全民阅读、促进文化繁荣作出实际贡献。我们通过种种措施吸引读者，希望更多的人读更多的好书，即便24小时书店不赚钱，我们也会想办法维持。"

4月23日，蒋建国在三联韬奋24小时书店揭牌仪式上说："只要我们坚持不懈地倡导人们'爱读书'，始终如一地服务人们'读好书'，润物无声地引导人们'善读书'，中华民族就一定能够沿着中国道路'追梦'前行，就一定能够弘扬中国精神'逐梦'奋进，就一定能够凝聚中国力量'圆梦'成真。"

本文刊于《光明日报》(2014年4月23日)

三联 24 小时书店能否复制？

蔡梦吟

4月8日晚，忙碌一天的生意人植煜，开车驶往自己位于北京南三环的家。15岁从保定来京打工，38岁的植煜已在北京闯荡20余年。他对人生感到满意。

车过广渠门，收音机里传出《中国之声》节目播送的一条消息："从今晚开始，北京三联韬奋书店将开始24小时试营业……"

植煜浑身麻了一下。20年前，三联韬奋书店（以下简称"韬奋书店"）是打工少年植煜最爱去的地方。他调转车头，直奔美术馆东街的韬奋书店。

到店已近10点。店内十几张蓝色书桌前，围坐着专心看书的顾客。北京从此有了一家每天都不打烊的书店，这让植煜觉得爱书的人们"太幸福了"。

初到北京那些年，从工地收工的植煜常带着一身汗水和尘土，坐很久的公交到韬奋书店。偌大北京城，书店并不少，但植煜觉得这里是"最有人情味"的一家。"不会有店员用歧视的眼神打量你，也不会担心你把书弄脏"。

在韬奋书店总经理张作珍看来，这种人文关怀，正是该店的底色，也是该店决定24小时营业的根本原因。尽管遇到过"24小时营业是否有作秀之嫌"的质疑，但张作珍始终认为："一个城市，尤其是北京，应该有这样一个文化地标，随时恭候爱书之人。"

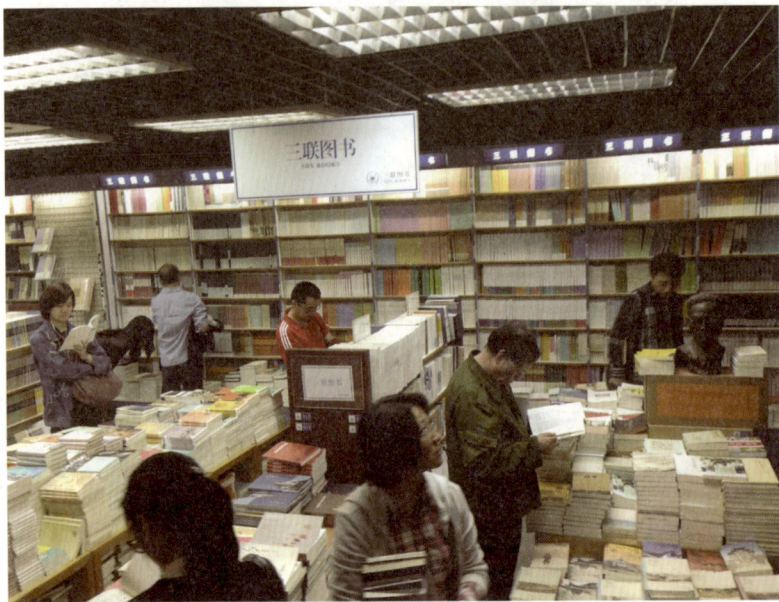

三联版图书专区

夜色已深，而进店读书的顾客并不见少，以年轻人为主，也有头发花白的长者。尽管许多读者坦言，自己"不可能经常大半夜跑出来看书"，但他们也同时认为，北京几千万人，总有人会在深夜某刻，想到书店坐坐。

"就算书店有作秀的成分，对读者来说也有益无害吧。"宣武医院人事处干部班志森把一摞人文社科类图书抱到小桌前。这个喜欢给自己充电的 90 后小伙儿告诉记者："平时白天要上班，我不会过来。但以后周末我会经常来这里刷夜。"

中国青年政治学院社保专业的大二女生陈宁宁一口气读完了两本书。"只要学校没课，我都可以来，白天夜里都行。"她觉得在书店夜读，和在图书馆上晚自习的感觉不同；前者显然"更有氛围"。

下岗钢铁工人何兴远挎着发白的帆布包，捧着几本时政书坐在书店的楼梯上，"我想看看国家往哪里走"。他觉得有媒体来关注书店是"好事"，因为书店能坚持昼夜开门"本身就是好事"。

这里甚至不乏远道而来者。一位男士从上海来北京出差，听说韬奋书店开始昼夜营业，便退掉返沪车票专程赶来；还有一名邢台人坐火车专程来京，在韬奋书店待上一个通宵，方才圆了心愿。

试营业伊始，读者的夜读热情令人感动。但也有业内人士担忧，这份热情到底能维持多久？

韬奋书店地处文化商业圈，毗邻中国美术馆、北京人民艺术剧院、王府井大街。这一带白天人气尚可，入夜后却颇显冷清。对于大多数读者而言，单纯的 24 小时营业，并不足以形成长久的吸引。"我觉得周边也应该配套发展一些可供消费、休闲的地方。"陈宁宁说。

民众阅读习惯的培养对昼夜书店也至关重要。台湾诚品书店以 24 小时营业著称，但其进驻香港一个月后，便取消了在港店面的通宵营业，因为喜爱夜读的香港人不及台湾一半；而联合国教科文组织一项调查更是显示，在中国大陆，扣除教科书，平均每人一年读书不到一本——笼统的"阅读"尚且如此，"夜读"市场如何，无人知晓。

张作珍表示，韬奋书店已与楼上的雕刻时光咖啡馆建立了合作关系，联动经营，读者可以伴着书香、咖啡、茶点度过一晚；同时店内还将售卖背包等文化创意产品。

但这似乎还远远不够。一位网友认为，要想吸引越来越多的人加入夜读队伍，就要把韬奋书店打造成一个文化名人沙龙。"打个比方，如果读者晚上进店能时不时地遇见崔永元或者方舟子，或者能经常听到名人分享阅读心得，这书店还愁没人气吗？"

张作珍觉得这位网友的建议不错。他笑言："未来书店将不定期开办各种沙龙、文娱活动，培养和吸引深夜阅读的群体。"

此前，国内也出现过几家昼夜书店，如上海的思考乐书局浦东店、深圳的星光阅读栈等，但最终都因销量低迷、亏损巨大而难以为继。如何避免重蹈覆辙，是韬奋书店眼下的最大挑战。

对此，张作珍透露，其实韬奋书店对于通宵营业酝酿已久，一直在等待合适时机。去年，国家对实体书店大力扶持，北京市新闻出版局向韬奋书店拨付了 100 万元支持资金，国家税务总局又免除了实体书店增值税，韬奋书店终于达到了年营利 100 万元的水平。而试行 24 小时书店的各项成本，预计则在 200 万元左右。即使夜间营业不盈利，算下来，大致也不会亏本。

张作珍算了一笔更长远的账——略有亏损事小，品牌美誉度事大。他说："即使亏本了，我们也要努力坚持下去，毕竟昼夜书店的社会效益、品牌效益远大于经济效益。再者，我们背后还有年利润达 6000 余万元的三联书店支持，有能力承受损失。"

张作珍认为，对阅读的关注，体现着公民乃至整个社会的素质。"无论职业、身份，在书籍面前，人人平等。哪怕是流浪汉，只要你不带着被子进店，我们都欢迎。"

植煜喜欢韬奋书店的这种温度。在书架前，他寻找着苏轼的诗词，这是他少年时在韬奋书店的最爱。"以前会边读边想，苏轼的人生那么跌宕，相比之下，我的挫折简直不值一提。"他希望未来能有更多书店通宵不打烊，"收留"想从书中汲取力量和安宁的人们。

然而，三联书店的雄厚实力，让其每天昼夜营业的模式，在其他书店显得难以复制。北京另一家颇有名气的书店，位于三里屯的"Page One"，只在周末才 24 小时营业。店长孙谦告诉记者，今年之内该店都没有每天通宵营业的打算。"目前店里周一到周五白天的营业额加起来，还不到周末营业额的二分之一。"孙谦表示，如果选择一周七天每日都 24 小时营业，其营业额将无法弥补大幅上涨的、包括用工在内的各项成本，这将使店方难以承受。

韬奋书店则较为乐观。从 4 月 8 日晚 9 点开始，截至 4 月 14 日早 9 点，韬奋书店的累计销售额已达 10.1 万元，这一成绩远超张作珍的预期。三联书店准备在 4 月 23 日 "世界读书日" 那天，举行 24 小时书店的挂牌仪式并正式营业，赢得更多关注。张作珍相信，在书店里和一群爱书之人分享深夜的阅读时光，会逐渐成为一件时尚的事。"读书不会给你带来立竿见影的变化，但一定会让你的人生有所不同。"

4 月 9 日凌晨，植煜挑完了书，准备离开。这时，一个少年穿件肥大不合体的夹克，略显拘谨地走进韬奋书店，脚上的球鞋污渍点点。与少年擦肩而过的瞬间，植煜回头望了一下，感觉好像遇到了 20 年前的自己。

本文刊于《中国青年报》（2014 年 4 月 15 日）

三联韬奋书店"24小时营业"底气何来

金 晶

4月8日，北京三联韬奋书店开启"24小时营业"的试运营期，人们在纷纷为"不打烊"书店点"赞"的同时，也不禁要问——在行业普遍不算景气的当下，实体书店维持原有日间运营已显捉襟见肘，再推出夜间书店服务，既需勇气更需实力，三联韬奋书店的这份底气从何而来？

当城市进入午夜，书店就是灯火。4月9日晚，在与白班进行交班后，北京三联韬奋书店的工作人员开始在书店一层靠东面的过道摆放书桌，为即将开始的夜间营业做好准备。这是三联韬奋书店24小时试营业的第二天，这家书店将夜间营业的时间定在每日晚9点至翌日早9点。

受益政策支持

"三联以前一直想做夜间书店，但是增加的成本太高，所以一直没有做起来。"三联韬奋书店总经理张作珍告诉《经济日报》记者。但是自去年以来，国家和地方的一系列政策，让书店看到了把夜间书店操办起来的可能。

张作珍给记者算了一笔账：三联韬奋书店如果增加夜间营业，预计需要增加的启动成本约为300万元。去年，中央财政专项扶持实体书店，三联韬奋书店由此获得了100万元资金补贴；

书店因背靠三联出版社，获得了 100 万元支持用于书架购买和升级等费用；去年国家还出台了免征实体书店图书批发、零售环节增值税的政策，"我们估算了一下，今年税收可减掉 60 万元。去年净利润是 40 多万元，今年预计也可以达到这个水平。"

张作珍认为，这些支持和鼓励，是夜间书店模式可以持续和推广的关键。

"三联韬奋书店在获得国家补贴和优惠政策后，响应全民阅读的号召，进行夜间经营尝试，为读书、爱书的人打造了一方阅读天地。"中国新闻出版研究院院长郝振省说，"它的社会效益远远大于经济效益。"

读者热情激发动力

读者的热情也是三联韬奋书店决心开办夜间书店的底气之一。据书店工作人员介绍，8 日晚 9 点，店内读者达到近 300 人。一夜销售额约 1.5 万元，"这还是在所有书品打了 8 折的基础上。"对这样的销量，张作珍还是满意的，读者的热情加上第一天的"开门红"，让他看到了书店持续夜间营业模式的可行性。

9 日晚 9 点 10 分，书店一层书架旁的夜读书桌前，62 岁的王耕正在聚精会神地翻阅图书。他获知三联韬奋书店 24 小时营业的消息后，晚上从位于东四的家里出发，用了 15 分钟到达书店。"24 小时书店，北京应该有。作为文化中心，北京应有相匹配的文化氛围。"在北京一中读高三的滕泽则选择坐在书店通往地下一层的楼梯口看书。平时，她大多选择从网上购书，"主要是因为便宜。"三联韬奋书店推出的折扣活动虽然没有网上让价多，但她还是决定买下一本，她说，"希望这样的书店越来越多。"

今年两会，"倡导全民阅读"首次被写入《政府工作报告》，整

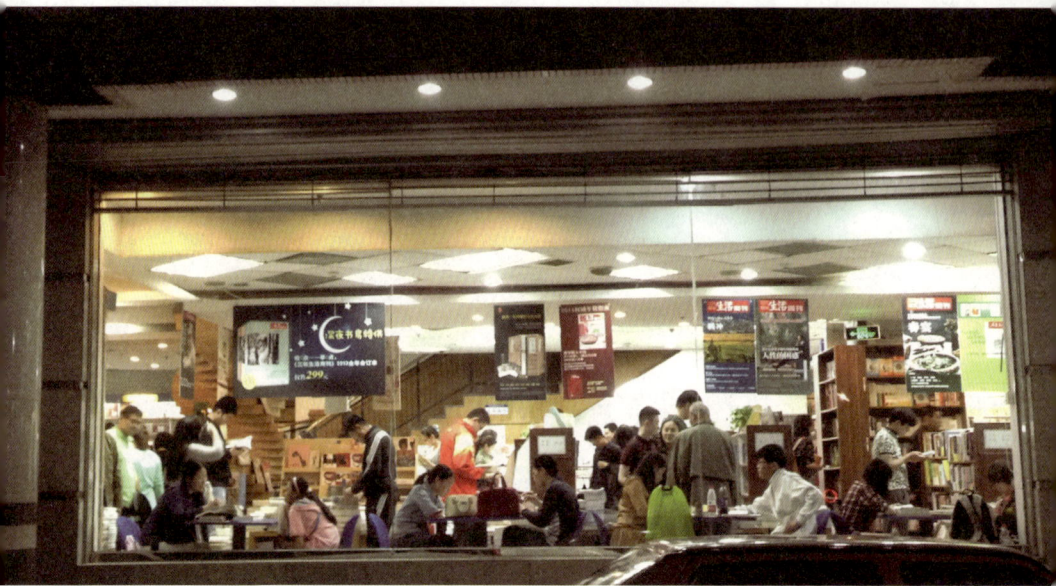

夜景

个社会也因而掀起了"读书热"，这为实体书店的创新运营再添底气。

探索创新经营模式

据了解，此次三联韬奋书店借鉴其他地区的书店经营模式，与楼上雕刻时光咖啡馆进行合作，同时开始试营业。到 18 日，"雕刻时光"也将正式 24 小时营业。三联书店主要营业面积用于销售图书，"雕刻时光"提供咖啡、餐饮、创意产品等。

像增加文化创意产品、举办文化活动、调整书目、与咖啡馆合作这样的方法，三联韬奋书店都考虑过，有的已经开始，有的还在筹划。"但一定会适量，我们不想让书店'变味儿'。"张作珍明确地说，"我们所做的一切改变都先要获得读者的认可，因为有读者才有真正的市场。"

"此次三联24小时书店的尝试，对实体书店而言有几点启示。一是通过延长营业时间，弥补常规经营下的营销不足，进而扩大市场；二是与咖啡馆、文创产品等捆绑经营，从多元化经营路径探路持续发展。从网络和实际的反馈来看，它的品牌打造也是成功的。"郝振省表示，这种模式在推广上尚有困难，可推行的范围或相对有限，"三联书店位于繁华街区，具备位置优势，又有北京的文化氛围作底衬，才有可能经营持平或微盈利。其他实体书店可能还要深挖潜力，进行适合自身发展的转型尝试。"

本文刊于《经济日报》（2014年4月9日）

三联韬奋书店今起试行 24 小时营业

孙海悦

"当城市进入午夜，书店就是灯火。"4 月 8 日至 17 日，三联韬奋书店将进行 7 × 24 小时试运营，并有望实现长期 24 小时营业。

"目前北京还没有一家真正意义上 24 小时营业的书店。此举以弘扬三联品牌为主，社会效益大于经济效益。"生活·读书·新知三联书店副总经理、北京三联韬奋书店总经理张作珍在接受《中国新闻出版报》记者采访时表示，北京市新闻出版广电局近期专门下拨 100 万元用于扶持三联韬奋书店发展，加上免征图书批发、零售环节增值税等国家对实体书店的扶持政策，"书店每年免税额可达五六十万元，在实现一些销售的情况下，营收与投入应该可以持平。如果持平，三联韬奋书店 24 小时营业就将长期运行下去"。

谈及夜间经营与白天经营在服务方面有何差异时，张作珍表示，三联韬奋书店将在夜间营业时为读者准备桌子和取暖坐垫，并从灯光设置等方面提供细致、周到的服务。同时，书店将在试运行 24 小时营业的 10 天内摸索经验、听取读者建议。

豆瓣网发布的"读·一夜——三联韬奋书店'深夜书房'体验交流"活动说明中这样写道："我们邀请爱书的小伙伴们一起来到'深夜书房'读书、发呆、聊天，顺便帮我们挑挑毛病。24 小时经营，是我们向爱书人展现的最大诚意，我们将努力营造一个温暖亲切、轻柔舒缓的平台，提供阅读、聆听与交流，现在需要爱书的您来体验、参与和创作——书店这道城市风景，需要我们共同努力维护。"

在实体书店发展遭遇困难的今天，不少新浪微博网友得知三联韬奋书店进行 7×24 小时试运营的消息后纷纷留言支持"点赞"："很怀念台北诚品到了十一二点还有很多人聚集在书店里专心阅读的情景，希望北京也能有这样的属于爱书人的天堂。""24小时书店，好创意！总有一部分读者不肯放弃纸质书籍的阅读乐趣！""把书店和酒吧结合为书吧，24小时不断，陌生读书人之间能交流。这就大大提升了社会的读书氛围。""但愿能发展壮大：由京城至各省会至各大中城市。文化之星，燃遍全国！"

据悉，三联韬奋书店 7×24 小时试运营期间，于晚 9 点至次日上午 9 点到店的读者可以享受打折、满赠、换购、返券等多项优惠，位于书店二楼的雕刻时光咖啡馆也将联动通宵营业。

本文刊于《中国新闻出版报》(2014 年 4 月 8 日)

书香一夜

牛春梅

昨晚，一大批热爱读书的北京市民仿佛度过了一个特殊的节日。

20时30分，夜幕已悄然降临。平日到了这个钟点，三联韬奋书店的工作人员已开始准备下班，但是此时，店里依然是一片灯火通明。从这一夜开始，这家在读者中最有名气的书店开始试行24小时营业模式，成为全市第一家全天候开放的书店。

等待结账

北京的"书虫"从此有了自己的"深夜书房"。

"书房"的布置很简单。在书架中间见缝插针地摆出8套蓝色的塑料折叠桌椅，就成了供人坐下来阅读的书桌；从天花板上垂下来的电线接上台灯，看上去朴素却又温馨。店里的工作人员却觉得有些歉意："店里的面积还是有限，再多摆一张桌子就该把过道堵上了。"

拉开椅子，放下书包，打开台灯，牛娜抱着一摞选好的书坐了下来。听说三联韬奋书店要试行全天候营业，这位店里的常客特意赶过来尝鲜。这是牛娜第一次体验24小时书店，她环顾了一下周围的环境："三联似乎有一种魔力，虽然这里人很多，但你依然可以很投入地看书，现在有了桌子、椅子和台灯，就更方便了。"

21时整，正式进入"夜读时间"。进门的读者不知不觉渐渐多了起来，看上去似乎比白天时还要热闹一些。他们中有不少人都是专程赶过来的老读者。进门之前用手机拍个照，发到微信朋友圈或微博里晒一下，成了大家的"规定动作"。

人来人往的读者中，凤凰卫视主持人胡一虎被大家认了出来。"我对24小时书店很有感情，在台湾就经常半夜去诚品书店，听说三联韬奋书店要24小时营业，就专门赶过来以实际行动来支持。"胡一虎说，他已经发短信告诉女儿，要到这里来给她选一本书。

"我的朋友圈里，大概百分之九十的人都在念叨这个事儿，我顺路就过来看看。"话剧制作人李先生是三联韬奋书店的老顾客。在他看来，虽然这里的环境有些局促，不比咖啡馆或酒吧舒服，但他依然感觉不错："能有这么个地方总还是好的，正好契合'夜猫子'的节奏。"

有读者带着挑好的书结账，没想到在收款台又看到一个惊喜——一张"全场八折"的折扣公告。其实，店里的工作人员也收获了不小的惊喜。从 21 时到 23 时，短短两个小时里，共有五十多位读者购买了心仪的图书，收入有 5300 多元。"这个钱数赶得上白天人最多的时候了。"一位店员惊讶地说。

夜色渐浓，店里的客流开始稀疏下来。有顾客小声嘀咕："办 24 小时书店是好事，可万一跟那些 24 小时快餐店似的，成了流浪人员睡觉的地方，那可麻烦了。"不远处，一直在店里巡视的生活·读书·新知三联书店总经理樊希安悄声嘱咐店员："哪怕来的是流浪汉，只要他在看书，你们就不要管。"

临近 24 时，仍有四十多位读者流连在书海中，特别是码放小说和艺术类书籍的书架旁，还有人在挑选图书。在缕缕的书香中，北京迎来了新的一天。

本文刊于《北京日报》(2014 年 4 月 9 日)

李克强：不打烊书店应成城市精神地标

储信艳　宋识径

今天是"世界读书日"。昨天，国务院总理李克强给北京三联韬奋书店全体员工回信，赞赏该书店推出的"深夜书房""很有创意"，希望把24小时不打烊书店打造成为城市的精神地标。李克强表示，阅读能使人常思常新。

"深夜书房"很有创意

4月18日，三联书店总经理樊希安致信李克强，介绍该书

4月22日晚10时，来京探亲的山东李女士带着5岁的女儿琪琪在三联韬奋书店读书。（陈杰 摄）

店创办北京首家 24 小时书店的情况。樊希安在信中说，从 4 月 8 日夜到 4 月 16 日夜试运营效果良好，午夜时段来购书读书的全是年轻人。

今年 1 月 17 日下午，李克强在中南海主持召开座谈会，听取教育、科技、文化等代表对《政府工作报告（征求意见稿）》的意见和建议。三联书店总经理樊希安提出的第一条建议，就是应深入持久地在全国倡导全民阅读活动。

这一建议最终体现在政府工作报告中。报告提出，要倡导全民阅读。樊希安告诉新京报记者，创办 24 小时书店，也是为推动全民阅读。

信寄出之后的第四天下午，樊希安接到李克强的回信。李克强在信中说，为读者提供"深夜书房"，这很有创意，是对"全民阅读"的生动践行。

这是李克强第二次致信三联书店。

店庆致信称是三联读者

新京报记者获悉，2012 年 6 月，三联书店 80 周年店庆时，李克强曾专门致信。李克强在信中说，"我是三联书店多年的读者，也曾经常在三联韬奋书店的书丛中流连并购书"。李克强说，"生活中不能没有读书，读书总会得到新知，即便是温故亦可知新"。

"全民阅读"是如何写入《政府工作报告》的？

2014 年"世界读书日"前一天，国务院总理李克强给北京三联韬奋书店全体员工回了一封信。这已不是双方第一次通信。李克强与三联韬奋书店的"书信交往",始于 2012 年。三联书店总经理樊希安昨晚接受《新京报》记者专访时,披露了书店与总理"书信往来"的内情。

新京报:今天什么时候收到总理回信?

樊希安:今天下午 4 点多,我们接到通知,有总理的信需要去取。拿到之后,我们马上开会,我给大家宣读,一起学习。

新京报:如何理解总理信中提到的"精神地标"?

樊希安:我个人感觉"精神地标"是总理第一次提出来。以前我们很少这样说,都说"文化地标"或"风景线"。总理提到了"精神地标",层次更高了,上升到精神的高度。读书不光提高人的文化素质,还会提高理想追求,甚至上升到核心价值观,从文化层面上升到精神、哲学的层面。

新京报:书店给总理的信是在什么时候发出的?

樊希安:24 小时不打烊,我们觉得试验成功了,效果不错,给总理写封信报个喜。总理回信,现在要求更高了。我觉得总理的这封信,298 个字,言简意赅,可以说在"世界读书日"前夕,能够有这样一封信,不仅是对我们书店提出的要求,也是对全民族提出的希望。

新京报:你们之前和李克强总理是否有过接触?

樊希安:李克强总理和书店交往可以追溯到上世纪 80 年代。从那时起,总理就是三联书店的读者。他还给我们的《读书》杂志写过东西。

我听别人说,总理经常到我们这里买书,后来他来得比较少了。

我也听别人和我说,李克强总理特别喜欢看书,他在当省委书记时就经常去书店。闲暇时在书店能待上大半天,甚至是一天的时间。

樊希安总经理接受专访

新京报：这是你第一次给总理写信吗？

樊希安：我给总理写过三封信，第一封是 80 周年庆的时候，今年 1 月份写过一封，开办 24 小时书店后又写过一封。

今年 1 月，李克强总理听取《政府工作报告》建议，我是受邀代表之一。当时进会议室的时候，李克强总理和我们每个人一一握手。我趁这个机会，给总理送了一本我们出的书，书名是《邓小平时代》，里面夹着我给总理写的一封信。

新京报：今年 1 月，征求意见时，为何要提"全民阅读"？

樊希安：这几年，"全民阅读"在新闻出版界是很受关注的话题。就我个人了解到的情况，李克强总理非常爱读书，当我说到"全民阅读"的时候，他很快就做出了回应。

新京报：当时是怎么回应的？

樊希安：我们这些代表们讲完后，李克强总理有一个即席的总结式发言。他在发言时特意讲到，樊希安同志讲到的"全民阅读"，很重要。我觉得，虽然建议是我提出来，但并不是我个人的功劳，总理很早就认识到这个问题，把这四个字写到《政府工作报告》中，能够起到更强的号召作用。

本文刊于《新京报》（2014 年 4 月 23 日）

书店适应生存的 24 小时尝试

王腾腾　杨春

北京三联韬奋书店于本月初进行 24 小时试营业。试营业期间的夜间平均营业额有超越白天的趋势。虽然在三联韬奋书店总经理樊希安看来夜间营业即使不赚钱也要办下去，但读者的热情似乎燃放了双赢的火花。

4 月 23 日"世界读书日"，三联书店正式改为 24 小时书店。这家老牌国营书店成为北京首家 24 小时营业书店将如何长久地走下去，人们疑问似乎很多，但更多的是乐见其成。

超越预期的试营业

试营业第二天是周三，本该是销售的低谷时段，但当日白天销售额达 45000 多元，是平日的两倍。"试营业之后，我们书店白天的营业额与客流量也被带动了起来"。

4 月 8 日晚上，北京三联韬奋书店的员工少了一项日常工作，不用再像以往那样在夜晚来临时催促兴致正浓的读者离开书店。一周后，书店门口挂上了"24 小时"灯箱。醒目的一行灯箱标语是邹韬奋先生的名言——竭诚为读者服务。

按照三联书店总经理樊希安的说法，他们一直是想低调而不张扬地进行这件事："因为毕竟是试营业，我们虽然有信心，但仍然不能确定预期会怎么样。"

北京三联书店 24 小时试营业，通过微博传播后，在网络上赢得了一片赞誉与支持。大批媒体与读者赶到了现场，据介绍，来采访的媒体不下 40 家。

三联书店 24 小时营业后，诸如"为读书人燃起一盏灯，一座城市就被点亮了"这样的评论纷至沓来。在北京网友感叹幸福的同时，外地网友在羡慕之余频频询问："四川有吗？""福建有吗？""郑州有吗？"著名编剧"鹦鹉史航"在试营业第一天就赶去支持并买了 9 本书。

三联书店成为了北京真正意义上的第一个吃螃蟹者。24 小时试营业第一晚销售额为 15000 多元，购书者 150 人；第二晚销售 24000 多元，购书者 177 人。零时过后，依然有四五十人在阅读。凌晨三时，留在店里的读者还有二十多人。在经历了接近一周的试营业后，书店的夜间营业额在上周日达到了顶峰——35829 元，大大超出店方预期。

樊希安告诉《南方日报》记者，三联书店将根据夜晚营业特点，重新装修和调整书店布局，形成适合夜读的环境。

夜读的人们

身穿精致职业套装、从事金融行业的肖女士晚上 9 时走出书店。她逛了约一小时，买了两本散文书。听朋友说起三联书店 24 小时营业，最初她还感到有点惊讶，不理解会有人在晚上逛书店。"但现在我服了，没想到会有这么些人。"肖女士说。

晚上十时，买了《文化苦旅》和《离魂》的任先生从书店里走出来。任先生已经在店里站了三个小时，如果不是朋友频频发短信催促，他还会继续待下去。任先生是黑龙江大庆一知名企业宣传人员。来北京出差的他发现一直想找的三联书店就在自己住

书店鸟瞰

宿酒店的附近。"我白天也没有时间来，晚上营业对于我们这种喜欢读书的人真是太好了"。

任先生一直很期待自己所在的城市能有一家24小时书店。当他来到三联书店，就立即拍了照片发给朋友并称之为"炫耀帖"。任先生一直固执地认为网络书店无法代替实体书店。"几万本书就这样一下子展现到我面前，这简直是一场盛宴"。

对于网络购书的冲击，樊希安表示并不担心，虽然他也曾有过危机感，"比如很多读者来到书店挑选好书籍之后，选择到网上购买；或者很多人拿着扫描笔，把想看的内容扫描走，并不买书。"但他却也逐步地恢复了对于三联书店的自信，"我们本来就是要提供阅读服务，向公益看齐。有人来就说明我们还有存在的价值"。

书店安静的夜晚

三联书店有得天独厚的地理位置，地处北京王府井、人艺、美术馆等几大商圈和文化圈环绕中，交通便利、人流众多。距离三联书店不到五分钟的步行路程内，就有包括夜班车201路、202路在内的15条公交线路，而地铁6号线和即将随地铁8号线三期工程开通的中国美术馆站，将来自城市四方的读者带到三联书店。

三联书店大大小小的书架或展位前，顾客或蹲或站。由于顾客很多，稍不留神，驻足阅读的人就会挡住其他人的路。通往书店地下一层的楼梯原本可供三人并行通过，此时却被席地而读的人占去了两边空间。上下楼梯的顾客蹑手蹑脚，也怕扰了旁边的读书人。

大学生小汪席地而坐，拿起一套三册的《遗落在西方的中国史》细细地读并在笔记本上做摘抄。对这个每月生活费600元的大男孩来说，195元的定价太高。"还好三联书店从不赶读书的人，我打算通宵读完这三册。"小汪说。

天色黑下来以后，北京三联书店的日光灯亮起。图书导购员也还在店里穿行，等待结账的队伍还是不长不短地排着，读书人反而在入夜以后人群愈发稠密了。站在书店的落地玻璃窗前向外望去，书店里的大部分光景都被站着看书的人挡住了。

图书导购员以及柜台收银员要忙碌到凌晨1时。"要买书的人一般在1时之前就会离开书店，1时之后有零星的人结账。"收银员说。

"哪怕只有一两个客人，我们也提供服务"

南方日报：24小时营业，会有许多繁琐的问题，三联书店准

楼梯风景线

备好了吗?

樊希安:试营业通过积累经验,不断改进,然后长期运营下去。书店24小时营业瞬间引发了媒体和公众关注,我们也有点措手不及。

读者晚上待那么长时间,不可能不喝水,还有安全问题。虽然书店外面有公厕,但考虑到晚间出去对读者不便,我们正在考虑晚上把办公区的厕所开放。

南方日报:今年1月,李克强总理在中南海主持召开对《政府工作报告(征求意见稿)》意见和建议的座谈会,您当场提出过倡导全民阅读的意见,这次三联"变身"是否也是在响应全民阅读?

樊希安:当时我作为新闻出版界的代表提了两条建议,其中一条就是倡导全民阅读。后来全民阅读被首次写进《政府工作报告》。

总理夫妇也经常来三联书店。三联书店80年店庆的时候总理也曾发来贺信,说经常在三联书店购书,流连忘返,从读书获得新知,从新知获得进步。三联作为倡议者和品牌书店,也要为全民阅读做出贡献。

南方日报:24小时模式能长期坚持下去吗?

樊希安:开始时有不同意见,但我说即使办不下去,我们好歹也尝试过。有些担心我们是能解决的。现在的闹市区店面是免租金的,这么大的房子晚上闲着也是闲着,只有利用才能增值。而且三联书店是图书出版销售多元化经营,每年利润约6000多万元。晚上营业是具有社会公益性的,因为我们感到社会有需求,年轻人有需求。哪怕只有一两个客人,我们也提供服务。

南方日报:您认为这种24小时经营模式在其他城市或地方能复制吗?是否类似诚品书店?

樊希安：有人提出 24 小时书店能不能在上海开，能不能在广东来办。这需要因地制宜，牵涉很多综合性因素。台湾的诚品书店我去过三次，他们是 24 小时营业的。诚品的模式不好复制。诚品书店是综合性销售机构，除了经营图书还销售百货、服装、创意产品等等，背后有企业支撑，这些都是它的独特性。现在书店楼上有雕刻时光咖啡馆，也是和我们这样的 24 小时共同营业。但目前我们不打算引进其他项目，否则会挤占摆放图书的空间，这就不符合书店的本意了。

本文刊于《南方日报》(2014 年 4 月 18 日)

100 种阅读方式，同一个通宵书店

董子琪

"你好，我是记者，我能采访下你吗？"

"不好意思，我也是记者。"

"这个点还有记者啊？"

"对啊，我觉得现在剩下的都是记者吧！"

以上这段对话，发生于 2014 年 4 月 12 日晚零点 30 分，地点是北京三联韬奋书店。

三联韬奋书店依托生活·读书·新知三联书店，坐落在北京市景山街道。寻找三联韬奋书店像是一趟文化之旅。书店的西边有中国美术馆和新文化运动纪念馆，书店的南边有商务印书馆书店、王府井大街、华侨饭店、北京人艺，书店的东边有人民出版社、人民文学出版社。虽然周边布满文化单位，但三联书店附近仍有多项挖马路、建地铁的工事，挡得连书店大门都快看不见了。所以，进出书店的路线最好经过微妙的设计，不然就要从拦着水泥的绳子下面钻过去，或者脚踏泥沙冲到马路中央。

因为对路边的卤煮、涮锅、羊肉泡馍实在没有胃口，我揣了杯冰咖啡，比其他读者更早进入了三联韬奋书店开启的"夜间"模式。

19：30—23：00 遭遇大叔

晚上七点半的三联书店，人头攒动，几乎挤不进去。《三联生活周刊》的三期海报从书店天顶上吊下来，色泽鲜亮，喜气洋洋。书店本来就不大，且格局不规整，是斜着的半扇状空间，地下地上加起来一共只有两层——楼上本来还有个二层，后来辟给"雕刻时光"卖咖啡了。当时还有热心读者由此哀悼"三联书店代表的阅读时代的凋敝"。

但在此刻，三联书店的热闹景象和"凋敝"一词完全不搭边。从童书到经管，每个分类柜台前都站满了人。人一多，再挨得近，就觉得像澡堂，想脱衣服、摔柜子、踩拖鞋。人的动作也都变得粗暴，不管什么书，不管看不看，都要翻一翻——虽然新近出版的图书都包着精美的塑封，但每一垛书的第一本都被撕开了。店员们增加了新的工作量：把那些摊开在书周围的被撕开的塑封收起来扔掉，就像那位眉间皱成一座山的小哥，熟练地一把握住塑料软皮，塞到书堆后面。那些摆在最前面的书店主推新书，像李零的《鸟儿歌唱》、高居翰的几本绘画史、宇文所安和孙康宜合著的《剑桥中国文学史》，边缘都已经被揉破了。

晚上逛书店的读者，都显出某种戏剧性。比方我一进门，就听见一个二十五六岁模样的男生对同伴说，我们就是要做这种书。说着他摸了一下某本书的书皮，评价为"布封面，有质感"。他又摸了摸另外一本书，下了定语："我们不喜欢这种书，没有质感。"再走几步，一对中年情侣正聊天，"亲爱的，这本书你还没写出来，人家就出了，还分一二三"。女的说话有点闽南腔，妆容精致，紫色打底裤下穿了双运动鞋，手里攥着一本"十大古镇"之类的书。可能是被"亲爱的"收买了，男的只是无力地争辩了几句诸如"角度、思路略有不同"之类的。在京剧歌曲的CD架边，几个大学生拦住一位个子小小的老人说要采访，老人声音沙哑，说自己是唱歌剧的，安庆人，小孩中考第一名……全然忘了要回答大学生问的"你觉得书店能不能长期夜间开放"这样的问题。还有一个大声说粤语的女人，一个跟班似的男人陪同着，一路避开浩荡人群。十分钟后，两人原路走了出去，声音小了大半截。

尤为出乎意料的是，午夜十二点前，很多小朋友在书店消磨时光。书店的童书区摆了张桌子，陈列着三联为数不多的"创意产品"，无外乎是印着三联字样的布袋子和笔记本之类的。桌帷布下面，并排伸着几个小脑袋，正以向日葵的专注姿态翻阅书籍。一个爸爸领了小女儿逛书店。小朋友问，有给我看的吗？他爸就指着赵赵的《丫头》说，你看这个就是给你看的，讲小孩子的。说完似乎又想到了什么，指着另一本书继续解释，等你长大了，这个也能慢慢看懂。我好奇地偷瞄了一眼，爸爸指着的书是《大数据》。也有妈妈带着小女儿来的，小女儿还没柜台高，估计

童读

也不认识字，闹腾，说自己不想看书。很想逛的妈妈就敷衍小孩说，去，去问收银员要纸笔，你就趴这画画。书店里那么多人，小女儿就这么双腿跳上台阶，去找收银员阿姨了。甚至还有新晋妈妈，脖子上挂着网兜，带着几个月的婴儿一起逛书店——如果新生婴儿夜里不睡，这倒也是个打发时间的好去处。

更多人坐在通往地下的楼梯上，人手一书。这地方空间较大，但人来人往，吵得心慌慌的。我拿了一本野岛刚的《两个故宫的离合》，找到一块粉色小泡沫垫坐着，看了半天，只看进去一个标题。旁边的小姑娘穿着校服，正低头认真地看龙应台的《孩子，你慢慢来》。对面是个大叔，头发花白，戴着眼镜，衣服裤子都像很久没洗了，穿一双商标都有点模糊的耐克鞋，露出里面的大红色袜面。他一直在看《三联生活周刊》，把杂志放得离脸只有一拃的距离。我闻到他身上的味道，明白了为什么单单是我这个地方没人坐。

我捡起粉红色小泡沫垫，在人相对较少的三联系列书刊前面盘腿坐下，结果比桌子矮了一截，根本看不见上面摆了些什么书。随手一拿，都是说吃的，台湾美食、茶道、日式料理，心里不由得一阵高兴。过了阵子，有人要来我身后的书架找《管锥编》，店员领着，嘴里说，劳驾。我就擦着地往前挪了挪。结果，那位要找《管锥编》的秃顶矮个子大叔没找到想要的书，反而一直盯着我，而我只能装没看见。不料大叔竟然顺势盘腿坐在了我旁边，问，看钱锺书吗？出于礼貌，我随便搭了几句。他接着介绍，我在广州，我煲汤很好喝，我是来北京开会的，我下半年要出书，到时候给你发邀请函。我是经营养生会所的，主要写道家的书。你看你看……大叔开始找手机，低头翻起了照片。最后递过来一张他抱着大白鹅的合照……大叔继续说，我去年辟谷七天，有了仙气，鹅都愿意亲近我。听到这里我认真看了看大叔，现在的大叔黑且胖，确实没照片上有仙气。大叔一直要和我探讨俞平伯和胡适的红楼梦观，我只好忍痛放弃这块人少的地方，客气地解释说要去别的地方转转。但无论走到第几排，大叔都能装作和我突然碰见，并热情地问我在找什么书。最后一次，大叔问的是："你知道旁边有喝早茶的地方吗？我请你喝早茶。"

23：30—00：30 记者访问记者

晚上十一点多，我开始觉得肚子饿，于是出门买熬（夜）点（心）。一推开书店的玻璃门，吓一跳，一个大炮样的摄像头正对着我——其实人家是在拍书店。摄影师来回掂量了很久，挪动支架，摇摆镜头，为的就是拍到"三联韬奋书店"几个字，还有店里隐约的人影。店里同样咔嚓声不绝于耳，不管是不是摄影师，很多人都挂着相机，来回摆拍，全程记录，仿佛如此方不虚此行——通宵书店已成京城文化生活新景点。

一个女生拿起《这个世界会好吗》欣喜地找来同伴；一个大叔做出沉思者的姿势，摆拍他看美女封面的摄影集；一个女孩蹲在书架夹缝中摊开一本小精装书，其实为了衬着书堆自拍；更多人是不停地发微博，发朋友圈。有人夹着本《浅谈哲学》，面呈懊恼状地发微信发了大概半小时；还有个人的手机，每次拍照都会发出"相机启动"的女声提醒。他的衣服掉色，裤子拖地。他找各种封面拍照，有时是猫的大绒脸，有时是旅游书的封面，看不出有什么规律。

吃完熬点，我躲在投资理财柜台后面。一个男生背着书包左右逡巡，他抓住了我并自我介绍，你好，我是××时报记者，能问你几个问题吗？我笑嘻嘻地回他，对不起其实我也是记者。他的惊讶大于窘迫，反过来问我，过了十二点，这还有记者吗？

书山有路

我说，好多呢，刚在楼下好几个采访，听都听不过来。他说他在楼上"雕刻时光"写稿，报道这个已经好几天了，不想再写了。他一边掏出名片给我说多多联系，一边扭头下楼了。书店经理从库房出来，亲热地和他打招呼，哎是你啊还在啊还没走啊。

我没说谎，楼下真有好多采访正在进行。有拿着话筒的，有带着摄像的，还有拿着反光板的，热闹极了。有一个我还以为是什么导演或者经理模样的人物正在接受访谈，他站在镜头里，问题解答非常专业，权威感十足。比如为什么南方的夜生活比北方多，他说，因为北京比广州冷，晚上人们都不爱出来；对于三联书店今后的出路，他点点头认为，当然不能像诚品，我们要做文化产业，书不好是不行的，否则卖完咖啡还能卖点别的呢？后来他开始介绍自己是怎么知道书店夜里也开张的，他是怎么来的。原来他也只是读者。

00：30—1：30 忙碌的收银员

临近半夜，因为不透气，地下一层已经开始蒸发出长途大巴车的蔫吧味道，人们的睡姿远比我想象中收敛得多。窝在外国小说的柜台角落里，女孩的长发决绝地蒙住半边脸；趴在蓝色小桌子上，男生把电脑索性移到一边，却忘了关掉直直照着他的台灯；穿着红色T恤制服的店员，眼睛熬得红红的，蹲守在电脑目录查阅机边。他们主要负责帮助那些查书的读者确定某本书的具体位置。俩人一台电脑，一人忙碌的时候，另一人就有点东张西望的神态。但只要一靠近，他们就会像被激活了一样站起来主动询问，有什么需要帮忙的？我问他们觉得工作还好吗？熬夜辛苦吗？他们都说挺好的，挺好的。上夜班也好，白天正好可以照顾家里，不过顾客都比他们精神多了。等三点多人都睡着了，他们也可以拿着书看一看。"客人都是一批批来的，三点一批，四点一批。"

一楼的收银员和保安也都眼睛红红的。我问收银员知道楼下有什么读书活动吗，会有要去干预的时候吗？他说哪有时间啊，生意挺好的，晚上比白天好，收银的都忙不过来。我又问，有奇怪的人来捣乱吗？他笑笑说，这几天还真没有呢，但是店长嘱咐要注意安全。 也许正是出于安全的考虑，除了一个胖胖的女收银员和一位可以凌晨两点提前回家的店长外，其他店员都是男性。

1：30—5：00 疑似相亲

地下一层最里面的中国断代史书架区，坐了一群年轻人，分两排，一人屁股底下一张坐垫，书包堆在一起，好像远足野炊，还开了瓶大可乐，似乎是个零点后的读书会。组织活动的是个咋咋呼呼的女生，瘦巴巴的身材，动作幅度却极大，习惯边说笑边推打。除了她，剩下的十几个全是男生。他们乖乖地听她陈述活动规则，然后每个人从书架里随便拿出一本书开始读，有人读了几句宋明理学就没下文了。这群人说完了博士论文又开始说南水北调。女生尖着嗓子力陈自己的见解，被另一个年纪略大的人驳斥你懂什么。她扑过去，拧了人家一把，又自顾自笑得滚成一团。

没人邀请我加入他们，我只是踮着脚从书架上方观摩他们的讨论。这时书架里冒出来一个戴眼镜的白衬衫男生，他先看看世界地图，又看看我，说，你长得真像我同学。我说，你什么同学。他说，大学同学。他神情焦虑，眼皮眨巴，说，我好困，你想去楼上坐坐吗？我们沿楼梯走上楼，途中发现广州辟谷大叔正兴冲冲地和另一批有摄影设备的采访团队合照。

咖啡馆里，人都躺着，只有咖啡机轰鸣着制造咖啡、奶泡、沙冰。台湾女生大声说自己买到了去内蒙古的便宜机票，但又不知道具体去哪儿，真是亏了。说倦了话的情侣挤在一起看电影。组合像年轻版《欲望都市》的四个女生横躺在沙发里。我想去柜台问问经理晚上生意怎么样，又觉得是废话。等回到座位，发现白衬衫男正在上 facebook。他问我用 facebook 吗。我说用啊。他问我怎么上去的。我解释了一下。他要加我。我就自己输入名字加上了。他是个 IT 男，毕业五年，来北京四年，是在豆瓣上发现这里通宵营业的。我听他说得磕磕绊绊的，但还是很努力地在表达。坐了好一会，他没有意思要点任何东西吃喝——难道我要主动邀请点单？我开始疑惑。在他开始问我若干问题的时候，我突然觉得这场景太像相亲了，对比周围其他像开 party 一样欢腾的人们，我却在这被干巴巴地拷问个不停。我要赖皮说，好了我要下楼了。

凌晨两点多，我想出门溜达溜达，最好能去长安街。带着买的两本书，我往王府井大道走去。这才注意到地上湿漉漉的，可能刚下了一场雨，或者本来夜里湿气就重。建筑工人戴着安全帽还在干活，运沙子，挖地面。路上没有车，但有行人，戴着耳机买汽水的年轻人若无其事地经过了我。华侨饭店的灯都熄了，彩色喷泉也停了，内蒙古宾馆也看不见闪光了。有轨电车的天线闲置着，不时霹雳出一个小火花。只有7-11、汉庭和一家陕西面馆是亮着的。走着走着，发现王府井大道比我想象中远，于是原路折回。这个时候，除了一家蜗居在高低不平建筑工地上的书店，我的确无处可去。

三点多，地下一层的小桌子终于空出一个位子来，我找了两本说鞋子和蕾丝与女权关系的"文化阅读"书目，大致扫了一眼。我昏沉极了，也顾不得观察其他人，直接睡了过去。

醒来时，两个手机都耗尽了电量，我也没戴手表。花十分钟平复麻掉的手臂时，我发现周围已经没人睡觉了，对面的人又开始精神抖擞地记笔记。我起身，把书丢在桌子上，走向两个店员左右守候的电脑前，模糊地看见屏保上的那面大钟盘，仿佛已过五点。他们问，要查书吗。我问，现在几点了啊。稍胖的一个小心翼翼地晃动鼠标，退出屏保，看了看计算机的系统时间说，五点零七分。我松了口气，终于，再过二十分钟，就有第一班地铁了。

天擦亮，五四大街上早起的人在遛狗，建筑工人依旧没睡，最早一班电车开始运营。我往隆福寺的方向走。白天，这座寺庙是奇特庙檐和玻璃拼贴的混合体，像是建在山上——除了街边的槐树表明，这里是北京。坐上的最早一班地铁里放着北京宣传片，俗气霸道的广角镜头拉出几个地标：圆明园，天坛，雍和宫，地安门。和这些地标相比，通宵书店里未眠的人们竟显得有故事得多。

"是谁传下这行业，黄昏里挂起一盏灯"，这两句改自郑愁予《野店》的诗句，曾被人用来形容今时今日实体书店的没落。但对一家通宵营业的书店来说，黄昏里亮起的那盏灯，恰恰是个开始才对。

本文刊于《时代周报》（2014 年 4 月 20 日）

三联书店：阅读无时限

李光敏

自 4 月 8 日以来，每到晚上 9 时，北京三联韬奋书店就开始"变身"：一层南侧橱窗附近以及地下一层前、后场书架前的空间被开辟出来，安放下蓝色的阅读桌和光线柔和的阅读灯。"变身"完成后，书店的夜晚真正来临。白天只能坐在楼梯上的读者，三三两两地坐到书桌前，安静地享受阅读。

夜雨中的书店

自 24 小时不打烊试营业以来，三联韬奋书店引起了全国媒体的关注。在实体书店经营被"唱衰"的今天，有人称三联此举"打响了一场实体书店的保卫战"，三联书店总经理樊希安却觉得"保卫战"一词显得太悲壮，他更愿意把三联韬奋书店此次 24 小时不打烊的探索视为一场持久战："我们其实是满怀信心地在做一件事，这次只是带了个头，让大家看到了实体书店的希望。"

6 年梦圆

开 24 小时书店这个梦，樊希安做了 6 年多。2008 年，他去台湾拜访出版业同行，三次造访诚品书店，每次都在晚上 11 时以后去。"当时我就想，要是我们也能办一家 24 小时营业的书店该多好。"他说。但这个念头很快就被樊希安自己否定了。一方面，诚品集团不光卖书，还经营百货、餐饮，三联韬奋书店面积小，不具备像诚品那样做复合经营、以其他产业贴补书店的条件，图书经营本就只能赚取微利，没有其他经济来源，很难维持 24 小时经营的成本；另一方面，从气候条件来看，北京和台湾也有很大差异，台湾可以四季穿拖鞋，而北京到了冬天就会非常寒冷，夜间会不会有读者也是个问题。

尽管如此，樊希安 6 年多前萌生的想法却在他内心深处生了根，他相信，时机到了，当年埋下的种子就能破土发芽。去年底今年初，利好消息接连传来。先是财政部下发通知，在 2017 年 12 月 31 日前，免征图书批发、零售环节增值税。与此同时，政府决定对北京、上海、南京、杭州等 12 个试点城市开展书店扶持试点，56 家实体书店共计获得 9000 万元的中央文化产业发展专项资金。

"我正想睡觉，他给我送来个枕头。"樊希安高兴地说。省下增值税不用交之外，三联韬奋书店还获得了政府100万元的扶持资金。几乎没怎么讨论，三联书店当即决定将这笔钱用于支持书店24小时营业。樊希安透露，北京市委宣传部、北京市新闻出版局领导已经表示，书店开办之后，每年都会给予一定的资金扶持。

"提倡全民阅读"已被李克强总理写进《政府工作报告》，三联书店以实际行动践行，为读者提供更优质、更多样化的服务。分管三联韬奋书店的三联书店副总经理张作珍表示："三联此举，首先考虑的是文化影响和读者需求，新闻出版局将三联韬奋书店作为北京市的试点店，对促进全民阅读和文化繁荣有重要的现实意义和示范作用。"

初战告捷

张作珍给记者算了一笔账，第一年"变身"24小时书店的成本是300万元，其中100万元装修费，100万元支付人力成本，还有将近100万元的电费。"第一年，国家给了100万元，我们书店每年的盈利有100万元，三联书店还给了我们100万元，所以今年自负盈亏应该没问题。"张作珍说。

三联书店的管理者都非常清楚，光靠输血很难长久，最重要的是自己要具备造血功能。樊希安测算，后期每年的投入大概在200万元左右，必须靠精打细算、搞好经营来弥补。

在24小时试营业前，张作珍想的是，只要平均每晚图书销售能有5000元至10000元，就可以开下去。结果远远超出他的预期。据统计，试营业首夜（晚9时至次日早9时）销售额就近15000元，第二夜达25000元，之后更是以每晚约5000元的涨幅递增，试营业一周后，平均每晚销售为31233元。

媒体的热情也出乎张作珍的意料。试营业首夜，就有约50家媒体在书店蹲守。截至目前，张作珍和樊希安已经接待了不下150家中外媒体的采访。也有人担心，理想丰满，现实残酷，受电商冲击，本已窘迫的实体书店，加大运营成本，通宵运营，最初的新鲜劲儿过后，读者是否会继续买账？对此，三联书店一位资深主管说："试营业就是为了了解读者需求，一开始读者是'尝鲜'，想要读者继续捧场，就得靠不断改善服务和体验。"

10天试营业期间，深夜到店的读者不仅可享受打折、满赠、换购、返券等多项专享优惠，还可通过多种形式向书店提出服务改善建议。有读者在网上抱怨书店没有 WIFI，地下一层手机信号不好，张作珍回应，书店正在努力改善。"以前我会觉得，我们就是卖书的，你在这儿上网好像不行。现在不一样了，我们要留住读者，所以他们的要求我们都要考虑。"他说。

张作珍对三联韬奋24小时书店形成可持续的经营模式很有信心，他说："如果我们的盈利还是到不了200万元，缺的部分就由三联书店出，三联书店一年有六七千万元的净利润，拿出100万元来回馈读者是没有问题的。"

服务读者

据统计，三联韬奋24小时书店试营业以来，每晚人流都维持在300人上下。樊希安没想到的是，来书店夜读的，多是年轻人。有人说，现在的年轻人都习惯了电子阅读，纸质图书在渐渐失去市场。樊希安却并不这么看。"我们先不问他爱不爱读，只问自己，我们的服务是否到位了，是否给他提供了读书的条件，是否有了足够的吸引力。"他认为，当下的市场环境下，实体书店如果只是图书销售场所，那它确实会逐渐失去存在的理由；城市需要实体书店，是因为它是一个文化生活场所。

三联韬奋书店本已是北京城有名的文化地标，很多外地来京的知识分子，不管多忙，都会抽出一点时间去三联书店淘书。在北京的书店中，它有其独特的地理位置：南边是王府井步行街、商务印书馆、人民艺术剧院，西边有美术馆，东边是隆福寺广场、长虹电影院，北边还有后海、锣鼓巷，这一带的夜生活十分丰富，也是一个文化人聚集的区域。樊希安认为，除了去电影院，去看话剧，去酒吧，去 K 歌，可能也有一部分希望在深夜有这么一个能读书的去处。

樊希安说，社会越来越多元，"我们办了一家 24 小时书店，是因为真的有一部分人需要，我就服务我的细分人群，几千人里有一个来就够了。"他说："社会有需求，我们就要提供相应的服务。反过来，如果社会有这样的需求，没有人提供服务，那就是社会的悲哀了。"

本文刊于《浙江日报》（2014 年 4 月 25 日）

三联韬奋 24 小时书店正式营业

章红雨　尹琨

4月23日是第19个世界读书日，北京三联韬奋24小时书店在当天正式营业。揭牌仪式上，宣读了国务院总理李克强4月22日给三联韬奋书店全体员工的回信。中宣部副部长吴恒权，国家新闻出版广电总局党组书记、副局长蒋建国，北京市委常委、宣传部长李伟出席揭牌仪式。

蒋建国在致辞中说，三联韬奋24小时书店是一处好读书、好夜读，令人向往、令人惊喜的书店。李克强总理亲自致信给予关怀和鼓励，希望这不眠灯光使人保持宁静致远的心境，陪护守夜读者潜心前行。我们也要为三联韬奋书店点个"赞"！

蒋建国指出，书店作为传播文化的重要场所，是人们文化生活的重要组成部分，承载着一个地方、一座城市乃至一个国家和民族的文化变迁和记忆。在互联网逐渐改变人们读书和购书方式的今天，书店要提供优质产品，深入研究人们的阅读需求、阅读特点和阅读规律，精心挑选和推介好书，让每个读者找到好书，让每本好书找到读者，让每一个走进书店的人享受到属于他的阅读快乐，寻找到属于他的精神家园；要提供优质服务，充分开发书店多种功能，把书店建成综合的大众文化生活场所，提高附加值，增强吸引力，让人们在这里找到心灵的栖息之所和精神的激扬之地。三联韬奋书店的实践证明，只要坚持服务读者的宗旨，创新服务读者的方式，书店就还能继续存在，能继续成为城市文

蒋建国书记（中）自费购买图书

化符号、精神地标，融入人们的生活中、留在人们的记忆里。

蒋建国强调，今天，我们都有个伟大的梦想，要实现国家富强、民族振兴、人民幸福，实现中华民族伟大复兴的中国梦。小小书店里的灯光，可以点亮这个伟大的梦想；无数灯光下的人们，可以托起这个伟大的梦想。只要我们坚持不懈地倡导人们"爱读书"，始终如一地服务人们"读好书"，润物无声地引导人们"善读书"，中华民族就一定能够沿着中国道路"追梦"前行，就一定能够弘扬中国精神"逐梦"奋进，就一定能够凝聚中国力量"圆梦"成真。

李伟在致辞中充分肯定北京三联韬奋书店创办 24 小时书店的社会意义及其对助推全民阅读的贡献。他说，这意味着北京拥有了第一家真正意义上的全天候经营的书店，也标志着北京在倡导全民阅读、完善公共文化服务体系方面迈出了新的一步。

位于北京美术馆东街的三联韬奋24小时书店自4月8日试营业起，就受到广大读者密切关注。三联书店总经理樊希安表示，书店试运营情况良好，特地选择世界读书日举行开业仪式，是为了更好地突出"助推全民阅读"这一主旨。读书界代表、著名作家王蒙称赞北京三联韬奋24小时书店是我们的文化地标。一座城市没有书店相当悲哀，希望实体书店越办越好。

中宣部出版局局长郭义强、中央文资办主任王家新和中国出版集团公司总裁谭跃等参加了揭牌仪式。

本文刊于《中国新闻出版报》（2014年04月24日）

文化情怀还需商业理性支撑

孙海悦

背景音乐缓缓流淌，翻动书页窸窣入耳……《中国新闻出版报》记者4月16日晚11点走进位于北京市东城区美术馆东街的三联韬奋书店时，北京城渐渐沉睡，而这里依旧灯火通明，人来人往。"自4月8日试行24小时营业以来，截至17日9时，夜间销售额为23万元，销售图书7000册，共计2005人购书。"生活·读书·新知三联书店副总经理、北京三联韬奋书店总经理张作珍向记者透露。10天的业绩令人惊喜，但之后读者是否会继续买账？对于24小时书店来说，生存与发展需要什么环境土壤？又如何解决成本压力？记者向业内专家提出这一连串问题时，他们给出了不同的解答。

破局：夜间模式提供深入服务

"三联此举首先考虑的是文化影响和读者需求。"张作珍表示，三联韬奋书店力求通过一系列夜间服务模式和各种互动体验吸引读者到店。如对书店的布局作出调整，书店一层南侧橱窗附近以及地下一层前、后场都放置了阅读桌和阅读灯，楼上的雕刻时光咖啡馆联动24小时营业。此外，全场八折、满赠、换购、返券等多项优惠为夜间读者所专享。

"试运营期间，每晚9点至次日上午9点销售额平均为3万元，预计正式运营后会在 2 万元左右。"生活·读书·新知三联书店总经理樊希安告诉记者。对于三联韬奋书店 24 小时运营的初衷，用他的话说，是"出于责任感，也是一次大胆尝试"。

"三联韬奋书店 24 小时运营，强调的是社会效益、公益性和服务精神，而非经济效益。"樊希安坦承，此次书店得到中央文化产业发展专项资金的有力支持，已通过北京市新闻出版广电局拨付资金 100 万元，剩下的资金缺口部分由三联自筹。"我们测算后期每年的投入大概在 200 万元左右，必须靠精打细算、搞好经营来弥补。"对此，书店根据试运营期间顾客的消费记录，进行统计、分析并及时添货，对于读者的建议"提出一条，改进一条"，最终为读者提供细致周到、多样化的服务。

发问：怎样留住"后半夜读者"

24 小时书店的生存与发展，必然有与之相适应的水土。

北京大学文化产业研究院副研究员、北京精典博维文化传媒有限公司董事长陈黎明为记者分析道，24 小时书店要生存发展，一线城市夜生活的文化需求是基础，有文化素养的年轻人和中年人是主体，同时还要具备密集社区或高校文化群落等环境要素。

陈黎明透露，精典博维公司的 24 小时博书屋预计今年第二季度正式投入运营。"我们希望从一定程度上脱离传统书店的摆位、布局，用全新的文化综合体概念融合纸质书刊、电子书阅读、餐饮、名家论坛、艺术品画廊、小剧场话剧、社区文化服务等多重元素。"

在出版营销专家三石看来，城市个性、文化氛围、生活习惯、消费习惯与阅读习惯都是影响 24 小时书店生存与发展的因素，甚至包括气候条件。

"观察与研究 24 小时书店要从后半夜开始。"三石告诉记者，内地以前有些 24 小时书店运营的案例，但都没能坚持下去，其结果就是夜里来书店的读者越来越少。他由此发问：具有良好阅读习惯和消费能力的年轻读者早已习惯于网上购书，那么吸引读者后半夜去书店的因素有哪些？阅读与消费的比例如何？这些问题是书店营销的决策基础，必须进行研究、分析。

求解：从大文化角度思考商业模式

"24 小时经营，是向读者展现我们的最大诚意。"三联韬奋书店道出了众多实体书店多年坚守背后的文化情怀。然而，出于商业理性不难看到，受电商冲击本已窘迫的实体书店，实行 24 小时运营无疑会增加成本。热闹与尝鲜过后，读者是否会继续买账？

令业界人士感到振奋的是，近两年国家出台了一系列针对实体书店的扶持政策，从中受惠的实体书店也在重新认识自身功能和定位，努力探索新的经营模式。正如三联韬奋书店一位资深主管所说："当下的市场环境中，实体书店如果只是图书销售场所，那它确实会逐渐失去存在的理由。城市需要实体书店，是因为它是一个文化生活场所。增强阅读文化体验、错位经营是实体书店的生存之道。"

"我们需要思考的不是我们需要开怎样的书店，而是读者喜欢怎样的文化消费场所。"三石强调，24 小时书店要持续发展，必须从大文化消费的角度去思考，即让书店转型成大众文化消费的场所，让读者除购书之外，还能享受与图书主题相关的精品文化消费，如小剧场演出、小众电影观影及分享会、小型展览与研讨、文创产品展示销售等。"尤其在后半夜，如何吸引读者并留

点亮心灵

住读者，必须在消费项目上下大工夫。"

对于 24 小时书店能否成为传统书店转型的突破口，陈黎明的答案是"肯定可以"。对此，他给出的具体建议是：会员制可以维持主体经营的收入来源；餐饮、文化用品、旅游产品甚至艺术品都可以进入销售领域；最好能够为周边环境提供便利的社区服务；网络阅读区、儿童阅读及游乐区将更贴近大众；持续的论坛、讲座、文化沙龙是维持人气的活动亮点。

本文刊于《中国新闻出版报》(2014 年 4 月 18 日)

书业喜与忧：24 小时书店不打烊运营起底

方　璐

4 月 23 日 "世界读书日"，三联韬奋书店经过半月试运营，正式开业。整个上午，三联书店总经理樊希安、三联韬奋书店经理张作珍都在现场布置。

这家 24 小时通宵可看书的书店，受到广泛关注，4 月 22 日，国务院总理李克强回信致三联韬奋书店全体员工，称赞 24 小时书店 "很有创意，是对'全民阅读'的生动践行，喻示在快速变革的时代仍需一种内在的定力和沉静的品格"。并对书店提出期望，希望三联将书店打造成 "城市的精神地标"、"让更多的人从知识中汲取力量"。

樊希安对《21 世纪经济报道》称，"暂时没有在全国扩建的考虑，（书店）不好轻易复制，我们想踏踏实实做好现在的事情。"

书店的梦想：自负盈亏

在传统书店受网络平台猛烈冲击的背景下，新生的三联韬奋书店的梦想是实现自负盈亏。

4 月 8 日，三联韬奋书店开始 24 小时试营业，首晚销售额为 15000 元、第二晚 25000 元、第三晚 32000 元，整体销售数据稳定。4 月 12 日当晚，书店晚 9 点后的进店客流近 800 人，销售额近 5 万元。试营业 10 天，夜场销售总额 25 万元，白天的销售额亦直线上升。

樊希安证实了上述书店销售火爆的情况，并对《21世纪经济报道》说："目前对书店来说，主要还是靠加大销售，2013年销售1300万码洋，今年第一季度还有很大增长，再加上新的24小时营业书店开业，销售规模还会持续走高。当然，这不是常态，但总体经营状态是不错的。"

对于这家新开业的书店而言，最大的优惠莫过于无房租压力。这家24小时书店位于东城区美术馆东街22号，店面属于三联书店出版社，因此没有租金。《21世纪经济报道》记者获悉，美术馆东街4月二手房均价62650元／平米，甚至有的小区达到88937元／平米。

开店第一年，书店支付的投资较高，"场地、空调、书架的更换等支出，今年需要200万元资金，其中国家拿100万元，我们自己出100万元。"樊希安说，"第二年一年100万元（就够），即使国家不再支持，我们通过盈利能够做到自负盈亏，但这个前提是，场地是我们自己的，没有房租，这给我们提供了便利，公益性就体现在这个地方。"

三联书店隶属于中国出版集团，该集团是经中共中央、国务院批准，于2002年4月9日成立的国家级出版机构。2004年3月25日，成立中国出版集团公司，公司拥有各级子公司、控股公司等法人企业96家，拥有各级各类出版机构40家，并拥有中国最大的出版物进出口企业。2013年6月，樊希安曾表示，希望未来几年，三联书店能发展成"隶属于中国出版集团公司的子集团"。

三联韬奋书店得益于国企背景，享有无房租的优惠，是否会考虑开餐饮店之类配套的多元化经营？樊希安否认了该说法，但称书店会与楼上的咖啡店"联合经营"，进入书店阅读的人们所需餐饮可以解决。"书店本身面积不大，还是专心致志做好书。"

樊希安对《21世纪经济报道》说。

樊希安用"非常温馨"来定义他对书店未来模样的期许，他认为，"为公众打造晚间阅读的场所"，比财务目标更重要。在他看来，为一个人服务是服务，为500人服务也是服务，"发挥公共效用"是无比重要的任务。

民营书店的喜忧

传统书店符合"几家欢乐几家愁"的描述，三联书店、新华书店等经营状况较好，但一些也曾引领过阅读潮流的知名书店，早已匿迹。比如，北京"风入松"、上海"季风书园"。

以风入松书店为例，1995年10月诞生，2000年7月，书店创始人之一北京大学哲学系副教授王炜退出，2008年，书店受网络书店冲击，经营惨淡。书店于2011年6月歇业，从此"风入松"消失在16岁的花季。

"它们歇业的主因与房租有关，不堪重负"，樊希安说，"我们没这个问题，我们也要搞好经营。当然，歇业也是综合性问题。"他进一步说，民营书店房租水电比较贵，倒闭的有很多。国家应当在资金、政策方面给予民营书店更多支持，书店本身也需要变革，要更适合人们阅读的需要。"书店需要自我生存、自我调整。三联24小时书店除了推进全民阅读，也会通过这次变革提高盈利能力。"

建于1989年的诚品书店是民营书店成功经营的代表，这家台湾书店创始人兼董事长吴清友将诚品书店描述为"是这个社会时空幻境下的集体创作"。诚品的模式，已经不仅是一家书店，其先打出品牌，再借助品牌力量实现商场、书店与零售的"复合经营"。以诚品在苏州开建的大陆第一家旗舰店为例，该

席地而读

书店囊括书店、文艺沙龙、实验剧场、画家工作室、文化公寓等综合体。

2013 年 11 月，北京精典博维文化传媒有限公司（下称"精典博维"）开始筹备"24 小时博书屋"，目前书店还在装修阶段，预计 2014 年下半年开业。4 月 23 日，精典博维董事长陈黎明对《21 世纪经济报道》说，该书屋是公司在北京建立的旗舰店，预计投资 500 万 – 600 万元，北京市西城区政府将给予一定的房租补贴，但书屋的整体投资仍由公司自己担负。

三联第一年投资 200 万元，精典博维是其两倍多，原因在于不同的定位，"三联已有成熟书店，我们是从零开始。三联是实体书展示空间，我们有小剧场、画廊、咖啡饮料区、儿童阅读区等。"

陈黎明的书屋模式是，先在北京建设旗舰店，使其精品化，而后在全国复制。但他坦言，房租的确是民营书店的巨大压力，但书屋不以营利为第一目的。此外，他强调，民营企业不能依赖补贴，而应当重视商业模式的创新，"我们会拿出旅游传媒等上游经营利润来支撑书店的运营"。陈黎明表示，将与汇智光华书店合作在全国高铁、机场终端书店逐步实现24小时服务人群，这些辐射全国的书店将以"小而精"为标准，是"类似'7-11'的服务文化的连锁公司"，预计累计投资将达上亿元。

本文刊于《21世纪经济报道》（2014年4月24日）

不打烊的"深夜书房"：
三联书店的转型能否成功？

"没想到四天后会收到李克强总理的回信。"三联书店总经理樊希安既激动又意外。

4月18日，樊希安致信国务院总理李克强，介绍三联书店创办北京首家24小时书店（北京三联韬奋书店）的情况。

22日，李克强给北京三联韬奋书店全体员工回信。

李克强希望三联韬奋书店把24小时不打烊书店打造成为城市的精神地标，让不眠灯光陪护守夜读者潜心前行，引领手不释卷蔚然成风，让更多的人从知识中汲取力量。

23日是世界读书日，这一天也是北京三联韬奋24小时书店正式挂牌营业的日子，店门口一大早就挂起了邹韬奋亲笔书写的"竭诚为读者服务"的牌子。

24小时不打烊

"我们还是比较冷静的。"三联书店副总经理、三联韬奋书店总经理张作珍并没有沉浸在媒体铺天盖地的报道中。"现在是媒体宣传的高潮期，24小时书店的运营情况究竟会怎样，还是要看接下来的平稳期。"张作珍对《第一财经日报》记者说。

在正式挂牌营业之前，该书店已经进行了两周的试运行。

樊希安告诉本报记者，运营情况还不错。尽管成本增加一倍，但夜间销售额与白天的销售额相当，有时甚至还会高于白天。

不过，诸多业内人士认为，"24小时不打烊"的经营模式能否让传统书店的销售"长线飘红"还有待观察。

至于这个考察期会持续多久，三联韬奋书店的管理层也无法预测。

"还是要先用心经营……"记者与樊希安的对话不停地被打断，因为时不时会有读者询问"24小时书店"的情况，樊希安一一详细介绍，每次连距离书店最近的公交与地铁路线都不落下。

24小时，书店的灯一直亮着，人流不断穿梭，7位工作人员倒班连轴转。

不过，辛苦还是有"回报"的。

本报记者了解到，没有24小时营业的时候，三联韬奋书店一年的营业额是1300万元，平均每天3万元左右。而深夜营业的第一个周五晚上，营业额达到了3.5万元。

"试营业15天以来的销售情况是驼峰形式的，周五和周末销售量激增，白天和晚上的总销售额为98万元，白天销售额共62万，日均4.13万，晚上共36万元，日均2.4万。现在夜晚的销售额与以往白天的销售额大致相当。"樊希安表示。

事实上，在书店决定24小时不打烊后，业内人士怀疑最多的是，"深夜书房"能否吸引读者？

樊希安比较有信心，因为书店的人文、交通环境都不错。加之国家倡导全民阅读的大背景，三联书店实行24小时营业的时机可谓"天时、地利、人和"。

早在2008年，台北诚品书店就开始24小时不打烊。如今，这家书店已成为台北的文化地标之一。

"深夜书房"的前世今生

本报记者了解到，三联运营这家 24 小时书店一年纯粹的投入需要 200 万元左右，不过，对于三联韬奋书店而言，这其中 100 万会来自国家免税政策为其增加的收入，另外 100 万元是需要三联书店自己承担的成本。

1996 年，三联书店与香港三联合资成立北京三联韬奋书店（前身是北京三联韬奋图书中心）。

书店创立最初的一到两年，收支基本持平，但在接下来的 10 多年都是亏损。2009 年，亏损已达 2286 万元，除自身生存难以为继之外，同时对北京三联书店（出版社）的利润也有所影响。

知情人士称，在最难的那几年，书店只是向三联书店交些象征性的租金，也就 10 万元左右。

2009 年年中，中国出版集团公司酝酿整体上市，北京三联韬奋图书中心作为北京三联书店的一部分被打包到上市公司中。根据上市需要，2010 年，北京三联韬奋图书中心进行改制，香港三联退出后，三联书店成为独家控股的股份有限公司，店名也更名为北京三联韬奋书店有限公司。

改制后的书店进行现代企业化的管理，同时，书店将二楼出租出去，这样就有了每月几十万的纯利。

2011 年，书店终转亏为盈。

公开数据显示，2011 年，三联韬奋书店全年销售额达 1100 万元，同比增长 10.29%，其中网店销售 12 万元，团购增长了 130%。

"深夜"转型能否成功?

2011 年，三联韬奋书店转亏为盈的同一年，拥有 17 年历史的北京著名独立书店风入松贴出了停业通知、上海季风书园也传出关闭的消息、光合作用书店因资金链断裂暂时关张。

据不完全统计，在过去十年中，近五成民营书店倒闭。

随着数字化大趋势的来临，实体书店将会走向何方已成为业界不得不思考的一个现实话题。

数据显示，近几年，随着文化消费的增加，实体书店图书销售仍是增速，保持在 20% 左右。而目前线上图书零售占整体图书零售市场不少于 30% 的份额，增速在 35% 以上，每年增加 9% 的市场份额。

在线上线下的剧烈碰撞中，三联韬奋书店"人文社科类"的定位（书店此类图书占到 60%-70%）使其同样受到冲击。

2011 年，三联韬奋书店共卖出 36.44 万册书，但每本书的利润不到一元。

尽管在艰难时期，传统书店仍可以享受一些政策优惠，但转型的压力在越变越大。

中国出版集团给三联书店的压力也很大，每年销售收入和利润要增长 10% 以上，这就意味着转型已成为传统书店与出版企业的重要任务。

目前，三联韬奋书店也有网络销售店，但更多是辅助作用，销售额所占比例非常小。

相对于数字化平台的搭建，业内人士认为，核心还在于内容的生产、市场的细分与精准的定位。

2012 年三联书店恢复邹韬奋先生在 80 年前创设的"生活书店"出版品牌，出书范围包括人文科学著作、文学艺术作品、大众文化读物和实用生活知识类图书。

社科人文类图书本身在出版领域所占比例并不高，而三联书店是此类图书的重要出版社。据不完全统计，国内一半左右的此

再挑两本

类作品出自三联。首都经济贸易大学外语系英语教授、学术委员会委员程虹翻译的四本作品（《低吟的荒野》、《醒来的森林》、《遥远的房屋》、《心灵的慰藉》）也由其出版。

"就书店而言，我们想做的是一个文化地标。不过，现在总理突出了'精神地标'，这个要求就更高了。"张作珍表示。

本文刊于《第一财经日报》（2014 年 4 月 24 日）

三联韬奋书店：点亮城市一盏灯

叶子　黄龙　裴逊琦

4月22日，国务院总理李克强给北京三联韬奋书店全体员工回信，赞赏该书店推出的"深夜书房""很有深意"，"快速变革的时代仍需一种内在的定力和沉静的品格"。他希望把24小时不打烊书店打造为城市的精神地标，让不眠灯光陪护守夜读者潜心潜行——

"当城市进入午夜，书店就是灯火。"在10天试运营之后，三联韬奋书店于4月18日正式进入"24小时营业"，成为京城文化生活新景点。

深夜书房　"书虫"好去处

4月12日晚上8点多，笔者走进了人头攒动的三联韬奋书店。读者大多集中在杂志区和新书推荐区翻看。一层最里边的儿童区甚是热闹，像个亲子乐园。一位老奶奶带着4岁的孙女在儿童智力游戏书中玩起了"走迷宫"游戏。玩累了，小女孩就到一旁翻起连环画，老奶奶则倚在书架旁阅读自己喜爱的文学书。老奶奶说："只要有时间，就会带着孙女过来看书，一般不会太晚，9点多就会回家。"

临近9点，书店工作人员开始布置深夜书房。他们增设了简易桌椅，配上台灯和插座，一层靠近橱窗的区域有3套，地下一层前后场的部分区域有 5 套。没占到桌椅的读者则或坐或站或倚，书桌旁、书架边、木地板上、墙角处、楼梯上，到处都是专心致志的夜读人。

9 点过后，收银台区域就热闹了起来，5 位收银员为排满长队的顾客结账。夜间营业期间书籍打 8 折，还有换购活动。一般顾客消费都在 100 元以上。有些读者干脆带上买的书，走进二层的雕刻时光咖啡馆，点上一杯咖啡，边品边看。

临近午夜，笔者粗略数了数，书店还有 200 多人。很多上班族工作忙，只有晚上有时间来书店。搞 IT 的何先生来书店散心，他认为三联书店环境比较自由，"有些人晚上精神比较好，有这样一个看书的地方也很不错。"

在年轻读者占绝大多数的书店里，笔者注意到一位中年男子正在书架前翻看。这位金先生不太看好书店持续 24 小时营业，"坚持个 10 天半个月差不多，大城市赶时髦，就像时尚一样，都是一阵的。大家第二天还得照常生活工作，没必要耗一晚上。"原来金先生是陪着女儿过来体验，准备待到 1 点半就回家。

1 点过后，读者逐渐减少。留下的人大多挑好了心仪的书，找到比较舒服的位置，开始了真正的"夜读"。中国人民大学的小王正在看一本村上春树的小说，"今天是周末，过来体验一下，感觉这里很有读书的气氛。"他带了干粮，准备熬到凌晨再坐头班地铁回学校补觉。笔者发现有不少和小王一样的大学生，趁着周末，七八点钟就来书店准备夜读。

凌晨 3 点，书店还有 70 多人。夜渐深了，一些人打起哈欠，一些人倚在墙边睡着了。小王依然在看书，精神很好。凌晨 4 点时，书店里还有 50 来人。笔者从书架间走过的时候，有人被笔者的脚步声惊醒，睁开蒙眬的睡眼，看一眼时间，又翻开书继续阅读。

黎明降临前，笔者离开了书店。回望中，暗夜沉沉，只有书店是亮的。

政策扶持　助书店发展

全天候营业书店在中国并不新奇。上海思考乐书局浦东店，在 2005 年 3 月因租金过高导致高额亏损最终向读者关上了大门，持续时间不到两年。2013 年，北京 Page One 书店三里屯店也有过尝试，但从员工和成本方面考虑，最终选择在周末和节假日 24 小时营业。那么三联韬奋书店为何又勇于尝试呢？

北京三联韬奋书店总经理张作珍接受本报采访时表示，3 年前三联书店总经理樊希安在台湾考察出版业时，受到诚品书店启发。但考虑到北京的环境不很成熟和 24 小时开放的高额成本，计划就搁浅了。2013 年，国家拿出一笔资金资助全国 56 家书店，三联韬奋书店拿到中央文化产业发展基金 100 万元的补贴。另外，根据《财政部国家税务总局关于延续宣传文化增值税和营业税优惠政策的通知》，自 2013 年 1 月 1 日至 2017 年 12 月 31 日，免征图书批发、零售环节增值税。有了国家这些扶持，书店每年免税额可达五六十万元，如果营收与投入持平，三联韬奋书店 24 小时营业就将长期运行下去。另外，三联书店不用交房租也省去了很大一笔开销。

对于诚品书店将书店、画廊、花店、商场、餐饮全部囊括的多元化经营模式，张作珍透露北京三联韬奋书店还没有这方面的考虑，"看经营和场地情况，可能会做与文化相关的，比如加一些文创产品。"

据悉，在北京出版创意产业园区，北京首家民营 24 小时书店即将诞生。而北京精典博维公司筹备的"24 小时博书屋"，预计今年"五一"开业。

书店搭台　全民来阅读

今年两会,"倡导全民阅读"首次被写入《政府工作报告》。"三联韬奋书店进行夜间经营尝试,为读书、爱书的人打造了一方阅读天地。"中国新闻出版研究院院长郝振省说,"它的社会效益远远大于经济效益。"文化部文化市场司副司长庹祖海说:"24小时书店满足了一部分夜间读书人群,有格调也有情调,是一种很好的尝试。"

"如今年轻人喜欢在网上买书或看电子书,但是书店作为文化场所,读书的感觉是不一样的。"专程从东四环赶来的"书虫"小王表示自己很支持三联通宵营业。

但是,在传统书店普遍不景气的背景下,对于24小时书店的发展前景,不少人表示担忧。行政学院社会和文化教研部副主任祁述裕在接受本报采访时表示,24小时书店投入成本过大,从经济效益上讲并不可取。"更多的意义在于宣示作用,带动全民读书的氛围。"祁述裕认为,"传统书店与电子书各有优势,传统书店有书目展示,还可以邀请一些名人与大家进行交流对话。书店具有观赏性、艺术性,可以感受文化氛围",应该利用自身的空间优势,实现错位发展。

本文刊于《人民日报》海外版(2014年5月1日)

阅读，点亮光明和未来

——生活书店创始人之一、三联书店首任总经理
徐伯昕外孙女徐虹镜头下的三联韬奋书店"深夜书房"

文汇读书周报

"我也要读！"

2014 年 4 月 8 日，北京三联韬奋书店开始试营 24 小时书店；22 日，生活·读书·新知三联书店官网刊发李克强总理给北京三联韬奋书店全体员工回信；23 日，世界读书日当天下午，北京三联韬奋书店举办了"24 小时书店开业仪式"。

而在此期间，生活书店创始人之一、首任三联书店总经理徐伯昕先生外孙女徐虹从北京不时发来的微信，令编者深感——

有一种情怀如此深厚……

这情怀是如此深厚，以至令人难以言说。

但作为编者，我们深感有必要将徐虹有关"深夜书房"的见闻和感受告诉读者：那种似乎久违了的激情，那种似乎早已被淡忘了的精神，其实仍深深地扎根在我们的文化中，扎根在读者中，扎根在三联人和"老三联"后人的心中。

4 月 20 日夜至次日凌晨，徐虹来到"深夜书房"。在微信中，她这样写道：

"昨晚在三联韬奋书店从 9 点待到 12:30 后。10:30 前人不少，之后到我走还有几十人。我先买书，就是想给 24 小时书店做点贡献。当我在地下室发现有复牌的生活书店再版的《韬奋》和《生活书店史稿》时，马上眼泪就止不住了，抱着书就上楼了。我买了四本书，而这两本，在特殊的时间里，我买了留作纪念。""在二楼看到留言板后，我一直在流泪……我忍不住留言：'外公：您看到了吗？ 2014.4.21 零时'。"

"看完读者留言，我独自坐在地下一层的台阶上哭了很长时间，我都不知为什么，百感交集！"

22 日，"老三联"后人晓蓉发来微信：

"昨晚徐虹又去三联看 24 小时夜读爱书人，兴奋得吃安眠药睡觉，一早发照片到我微信爆了。让我精选发你。"

晓蓉说："读者是上帝，上帝点亮了北京三联的灯。"

看着这些照片，联想到徐虹此前发来的微信，不禁深感"灯，的确亮了"。

此前，徐虹见到三联书店总经理、北京三联韬奋书店董事长

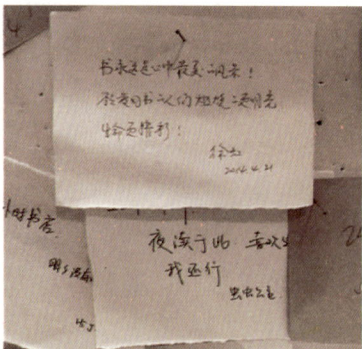

徐虹女士的留言

樊希安后，发微信说：

"……连日来樊总紧张劳累，致使头痛加剧，头晕无力，背上鼓起的囊肿不能及时治疗发炎化脓。到了医院就留下输液，要他住院……夜里起来几次去数书店里的人流，玩命……樊总说看到夜间都是年轻人在看书，他心里暖暖的。他说这辈子就是这一件事做对了也能心安了。他还说感谢三联前辈，创下这么好的品牌，搭建了这么好的干事业的平台。"

"白天的营业额都上去了。24小时书店把周边饭店都带火了。樊总兴奋得很！看他走路都好像有点不稳，我都挺担心……"

"我以前在机关工委的宣传部老领导都发邮件给我，说在微信上看到24小时书店，很感动。韬奋和你外公在一定非常欣慰！"

21日下午，徐虹前去拜访生活书店老人、原文化部副部长仲秋元先生，他老伴也是"老三联"人：

"仲老说24小时开门好啊！我说拍了照片，他说快给我看看。我把拍的读者留言一条条喊给他听（他耳朵不好，戴助听器的）。二老挺激动，仲老说：我不能动了，真想去看看。老伴说等周日孩子们回来她再去。我说您晚上可不能去，白天去。仲老说要坚持下去。并问：夜里交通有吗？我说樊总调查过了。他又说，书店屋里不冷，但冬天路上太冷，读者不便，'深夜书房'还是天暖些再开……"读者的冷暖也始终在"老三联"人的心中啊！

当夜，徐虹再度去到"深夜书房"——

"……言犹未尽，又留言：'书店永远是心中最美的风景！愿爱好书的人们燃烧得更明亮，生命更精彩！'"

23日，也就是世界读书日凌晨3:33，徐虹发来微信：

"读者留言终于抄完了！黎明将到，三联书店的灯这会儿还亮着！那块留言板，有的位置高，看不清楚，但看到这些爱书者的心声，让我动容！三联出好书，多有意义！谢谢这些三联的出版后人！我知道他们很辛苦！但他们有理解，有回馈，也可以感到安慰了！"

......

这就是《阅读，点亮光明和未来》背后的故事。

灯，的确亮了，有些壮怀激烈。

而此刻，编者的耳边回响着仲老的话："要坚持下去。"

本文刊于《文汇读书周报》（2014 年 4 月 25 日）

来吧，到三联感受夜读

金　涛

三联韬奋 24 小时书店试营业头两天，第一天晚上销售 15000 多元，购书者 150 人；第二天晚上销售 24000 多元，购书者 177 人。三联书店副总经理、北京三联韬奋书店总经理张作珍表示，两天来不仅晚上阅读、销售火爆，超出店方预期，夜读模式还带动了白天人流，不少人慕名前来。试营业第二天是周三，书店销售的低峰时段，但当日白天销售额达 45000 多元，是平日的两倍。零点以后，依然有四五十人在阅读，到凌晨两三点钟，沉浸在阅读中的读者还有 20 多人。

4 月 8 日，微博、微信朋友圈里，豆瓣网上，北京的"书虫"们迅速分享着一个令人兴奋的消息：当晚 9 点，三联韬奋书店将发起"深夜书房"交流体验活动，尝试创办 24 小时全天候不打烊书店模式。书店为此进行了重新装修并调整布局，在试营业一段时间后将于 4 月 23 日"世界读书日"到来之际举行挂牌仪式并正式营业。"三联书店作为著名品牌出版单位，应当为倡导全民阅读做点自己的贡献。"三联书店总经理樊希安说。

一盏灯点亮一座城市

面对当下实体书店整体发展举步维艰的窘境，三联此举似乎有点逆向而行。但网络上，绝大多数网友为这一做法点"赞"。

"为读书人燃起一盏灯，一座城市就被点亮了。""希望书店开发这种模式，有知识氛围。只要经营者努力开拓，实体书店也能跟网店进行差异化竞争。"……三联此举还引发很多外地读者围观："四川有吗？""福建有吗？""郑州有吗？"……大家纷纷询问，不少外地网友还提议，去北京的时候一定要到三联韬奋书店捧场。

三联韬奋书店在哪里？爱书的朋友对于北京的这个文化地标早已了然于心，5号线、6号线、8号线，条条线路通书店。从没到过三联韬奋书店的朋友怎么找呢？很简单。喜欢看话剧的肯定知道北京人艺，从人艺往北步行大约五分钟即是；喜欢看画展的，中国美术馆一定不陌生，三联韬奋书店正处在美术馆东侧，仅一路之隔；如果你是外地读者，上述两个地方都不熟，那就打听一下王府井吧，逛完王府井，再一直向北走大约十分钟，准能看到三联韬奋书店的招牌，不妨来这里歇歇脚，喝杯咖啡，顺便在1500平方米的书店、近8万种图书的精神盛宴中体验一下夜读的乐趣。

一桌一椅，夜间独享

"春风沉醉的深夜，我们这里有一张书桌、一盏灯光，留给热爱阅读和思考的你——在这里，你想待多久，就待多久。"这是三联韬奋书店24小时营业的宣传语。不过，更确切的说法应该是，一桌一椅一灯，专为夜间阅读的你，白天，这些设施都将被撤离。

相较某些外地的书店，北京大部分书店一个最大的好处便是对读者慷慨，不会因为读者将书店当图书馆、只看书不买书而施以眼色。但阅读的舒适度却不一定能保证，除了个别有特色的独立书店。很多书店，包括三联韬奋书店、西单图书大厦等大型书店，并没有专供读者阅读的场所，因此，席地而坐或者在台阶上、角落里阅读也就成了书店一景。但是，开启 24 小时模式后，三联韬奋书店有了改变。

8 日晚 8 点，记者到达三联书店时，这里已经提前来了许多对活动感兴趣的读者，人流相比平日白天还要多一些，有的是带着孩子一起过来。在从书店一层通往地下一层的台阶上，依然坐了些读书的朋友。不过与往日不同，书店当天增加了十张可供两人阅读的小桌子，并配置了椅子和台灯，简单朴素，却足够温馨，而且这些是夜读者的专利，因为桌椅只提供在晚 9 点至第二天早 9 点阅读时使用。耽于阅读、喜欢安静的人们，晚上来这里体验一把，确实是一种不错的体验。

当晚，一些购书者在付款时还发现了意外的惊喜：夜间营业买书八折。细细询问，原来为增加夜间客流，三联韬奋书店还做了不少吸引读者的工作，丰富夜间销售方式。比如购买若干图书即获赠一本图书；购买一定金额的图书，即可按非常优惠的价格换购三联的创意产品；夜间购书双倍积分，并有机会得到神秘小礼物……张作珍表示，书店近期还将在夜间营业期间举办一些重点出版社新书推介活动，降低折扣以吸引读者。

三联韬奋书店楼上二层即是雕刻时光咖啡馆。考虑到咖啡馆的顾客和书店的读者有很多重叠，大多为小资、白领，咖啡书香上下楼相连，书店还与雕刻时光咖啡馆建立了战略合作关系，"雕刻时光"也将营业时间延长至 24 小时，目前双方正在制定联动营业方案。

哪怕一个人在，九个人就要为他服务

听说三联在北京要开 24 小时书店，有朋友就给樊希安打来了电话，说，老樊，你到上海开个 24 小时书店吧，北京办了，上海还没有。樊希安回答，这个不行，北京三联韬奋书店的模式没法复制。为啥？他解释，第一，所在位置交通极其便利；第二，周围的文化圈没法复制；第三，和"雕刻时光"的合作其他书店很难具备。

为什么要在北京创办 24 小时书店？其实早在 2008 年，樊希安就有了开办 24 小时书店的想法。那时他到台湾考察了著名的诚品书店，对诚品书店的 24 小时模式非常赞赏。他觉得现在人们的生活方式发生很大变化，出现了许多自由职业者，不再按照统一的时间上下班，昼伏夜出的人增多，咖啡馆、酒吧、影院、夜总会、夜店吸引着这些人，但是还缺少能在晚上提供人们阅读、购书的场所。樊希安认为，在首都，需要有这么一片阅读的绿洲，晚上有一盏灯，指引大家去读书。但是当时由于受到交通、政策等诸多条件限制，这一想法未能实施。

2012 年底，北京地铁 6 号线、8 号线二期陆续开通，两条地铁线路在三联韬奋书店附近交会，加上附近的地铁 5 号线、十几条公交线路尤其是两条夜班公交，这里的交通优势更加凸显；去年年底，国家每年拨出部分资金支持实体书店，三联韬奋书店也得到 100 万补贴；国家还出台了政策，为实体书店免去增值税，仅这一项就可以增加五六十万收入；更为关键的是，今年的全国两会上总理将"全民阅读"写进《政府工作报告》，从国家层面倡导读书活动。收入增加、支持到位，怎么用这个钱？经过分析，三联决定创办 24 小时书店。

开办 24 小时书店，樊希安算了一下，仅人力成本就将增加 100 万，加上水电等费用，一年得多投入 200 万。纯粹从经济角度说，24 小时模式不一定划算。但是樊希安表示，三联韬奋书店不以营利为目的，而以持平、服务大众为目的。三联书店历来有服务读者、回报社会的传统，这是邹韬奋先生倡导的重要精神。从服务社会，提升三联书店、三联韬奋书店品牌，特别是在社会上营造一种爱读书、好读书的环境这一角度看，创办24小时书店是值得的。樊希安说，即使国家资金不扶持，三联书店每年6000万利润，拿出200万支持韬奋书店，回馈读者，这也是应该的。

作为北京第一家24小时书店，书店必然面临不少问题。有不少人问樊希安，流浪汉过来怎么办？樊希安回答得很干脆："流浪汉来了也欢迎。流浪汉也要读书，将来不再流浪。夜间读者可能没有白天多，但是哪怕一个人在这里，九个人就要为他服务。"

台湾和北京在气候上差别巨大，台湾晚上不冷，街上行人不断，而北京一年中有半年晚上都比较冷，人们不愿意外出。诚品

童书区

书店的模式拿到北京能经受住考验吗？对于这一问题，樊希安表示，夏季北京夜晚人流多销售量不成问题，但是北方冬天寒冷，户外人少，会影响图书的销售，因此将来还会考虑到增加取暖设备、提高书店温度，提供保暖椅、保暖垫，用温度留住消费者。

但是，最让樊希安担心的还是书店晚上的安全问题，毕竟他们是第一个吃螃蟹的人，前边没有太多经验可供借鉴。为此，他们特别加派了保安并对他们进行了培训。不过樊希安觉得，能到书店看书，素质一定不差，他相信文化人。

正如有的网友所说，"一种模式，更是一种态度。"书店开启夜读模式，不仅仅是弥补了缺少夜晚文化消费空间的问题，其象征意义、引领意义同样应引起重视。这不，已经有网友向图书馆发起了新的建议："图书馆才应该延长时间！它开着，我上班，它关了，我才下班。不合理嘛。"

本文刊于《中国艺术报》（2014 年 4 月 11 日）

三联书店：一盏灯照亮一座城

左登基

　　三联韬奋24小时书店，被称为首都文化一道亮丽的风景。当夜幕降临，买书者、爱书者、读书者、观光者，纷至沓来，夜色中的三联书店，显得格外亮丽，也更加别具一格。

深夜书房：城市精神地标

　　去年在京参加工作的小高最近很忙。"越来越感叹知识不够用，一直在追问时间都去哪儿了，越来越在夜色里时常迷茫地寻找迷失的灵魂。"厚厚的眼镜片下，他语速匆匆地打开了话匣子。他说三联韬奋24小时书店这段时间几乎成了他的"第二居所"，每天下班以后总要在这里泡一段时间，特别是失眠的深夜，他几次打车来这里，"把失眠变成了不眠，把忧虑化作了动力，把辗转反侧用作了挑灯夜读"。

　　5月2日晚23点，五一小长假第二天，一阵暴虐的狂风骤雨过后，美术馆东街的这家深夜书房灯火通明，在斑驳的夜色中显得温柔可亲。走进书店，书架边、地板上、墙角处、阶梯上，读者们姿态各异，无论坐着、站着还是在高高的书架间徜徉，都沉浸在阅读的世界里，粗略望去约有三四十人。

　　山东游客小张表示，他目前就职于一家文化公司，趁着假期来北京找同学一起游玩，同学向他强烈推荐这家深夜书房。"白天我们去了南锣鼓巷和什刹海，充分体验了什么叫做人满为患。"他笑着合上一本《北京攻略》，一边感叹道，"这里感觉就很不一样，晚上，当城市归于平静的时候，既不显得过于冷清，又不像别处过于嘈杂，在书架之间徘徊、在读书人之间穿梭，给人一种非同寻常的感觉"。

"令我感到惊讶的是，这里晚上居然还有这么多人，真有种回到大学自习室的感觉，很希望自己的城市也能拥有这样的夜间书房，让晚上的年轻人也能有个读书的地方。"

小张周边的读者表示很赞同。"这也许从一定程度上代表着这座城市包容、积极和求知的品格，高速运转的都市也带给人们对精神世界的强烈追求。"一位读者说道。

一盏灯照亮一座城

"我们开办 24 小时书店，秉持三联传统，着眼社会公益，旨在为读者夜晚购书、阅读提供一块'阅读的绿洲'、'精神的净土'，给愿意到公共场所挑灯夜读的人打造一处'深夜书房'。"三联书店总经理樊希安用一位年轻读者"一盏灯，照亮一座城"的比喻来形容创办首都首家深夜书房的初衷。

据他介绍，三联韬奋 24 小时书店为三联书店的全资子公司，是在 1996 年创办的三联韬奋图书中心基础上拓展创办的，目前经营面积 1500 平方米，图书品种 8 万种，和"雕刻时光"咖啡馆联动经营，可满足读者 24 小时购书、阅读、餐饮、购物、休闲等各种活动。

4 月 23 日，世界读书日前夕，李克强总理在致三联书店全体员工的回信中，提出"希望你们把 24 小时不打烊书店打造成为城市的精神地标，让不眠灯光陪护守夜读者潜心前行，引领手不释卷蔚然成风"，更让樊希安和书店员工感受到责任之光荣与重大。

"今年《政府工作报告》首次写入'倡导全民阅读'，将全民阅读上升为'国家行动'，广大新闻出版工作者在推进全民阅读中有义不容辞的责任。"樊希安说，三联书店应该在推进全民阅读中起带头和示范作用，不仅要多出好书，为人们的阅读提供更多的选择，还要用力所能及的方式，为读者的阅读创造条件，满足人们的不同阅读需求。而24小时经营，正是倡导全民阅读的一种积极尝试。

樊希安介绍，深夜书房的尝试，也源于书店周边文化商圈的成熟，"南边有王府井步行街、商务印书馆、人民艺术剧场，西边有美术馆，东边有隆福寺商圈、长虹电影院，我们三联书店有韬奋图书馆、读者俱乐部、书香巷，我们自己打造的三联文化场已经见到成效，这周边的文化氛围更加浓厚"，而且这里地铁、公交都十分便利，周围的配套设施也比较完善，治安情况非常好，是昼伏夜出的"夜猫子"们的绝佳选择。

读者小高说："现在有很多像我一样年轻的'夜猫子'，我觉得深夜书房就像这座城市给予自己的一个精神居所，让夜晚不再孤单，让失眠不再纠结，在灯红酒绿之外，为夜生活注入了新的内涵。"

书丛间　雕刻时光

白墙、红帘、木桌，开阔与精致错落的窗户，昏黄的灯光下，欢快的乐曲里，泡一杯咖啡，读一本爱书，你可以懒懒地坐在软座沙发里发一会儿呆，也可以选择硬座木椅以保持精神集中，抑或是放置一个软垫让自己间歇地放松一会儿。这座位于书店二层、名为"雕刻时光"的咖啡馆，与书店仅仅几阶楼梯之隔，风格上又彼此承接，自 2013 年底与书店签订合作协议以来，成为众多深夜读者的必到之处。

"《雕刻时光》是来自于苏联导演安德烈·塔可夫斯基所写电影自传的书名，其大意是说电影这门艺术是借着胶片记录下时间流逝的过程，时间会在人身上、物质上留下印记，即雕刻时光的意义所在。咖啡馆的意义也是源自于此，让时间、人和情感在此驻留，留下美好的回忆。"北京艺丰雕刻时光咖啡文化有限责任公司品牌总经理温秋萍介绍，三联韬奋 24 小时书店试营业以来，客流量平稳上涨，为共同为读者营造良好的读书氛围和体验，咖啡馆除了在人力、物力等配备上做了部署，还在店面上也做了比较细致的安排，加了适合看书的爱迪生灯泡，台灯也准备充足，晚上的空调适时开启，在柠檬水里面加点薄荷，起到清神的作用，口感也会非常好，还多准备了充饥的小甜点和小食品等。

而陪伴读者雕刻时光的，还有书店正在开展的各项夜场读书沙龙活动。著名表演艺术家李慧敏、李野默到场领衔的经典诵读、纪念已故诺贝尔文学奖得主加西亚·马尔克斯的接力读书会，给予读者在深夜读书之外更加丰富多彩的精神激荡。

据书店店员张焕云介绍，作为北京市首家 24 小时书店，为吸引更多的读者，书店员工积极性都很高，所有员工一天工作 12 个小时，尽心做好自己的工作积极为读者服务，以便让更多的人喜欢这里。"比如，我们会尽可能多加一些桌椅，目前只有 8 张桌子还不能满足读者需要，我们会把能加的都尽量加上去，让读者在这里读得舒心。有读者还反映店里没有饮水机，我们已经联系了自动售卖机，很快就到位。"

而为读者服务并非只是一句口号，"五一"前后，书店还推出了八折、满赠、换购、返券等多项夜间读者专项优惠。书店的销售取得了良好成绩。据樊希安介绍，试营业 10 天，书店夜

选书

场销售总额达 25 万元，晚 9 点以后单日销售额一度逼近 5 万元，而白天的销售额也直线上升，试营业期间白天平均销售额为 4.6 万元，比日常销售增长 55.56%。

"读书，从来不是仓促赶热闹的事，我们希望在这一阵开业的喧嚣过后，让更多的人爱上读书、流连书店、沉浸于阅读之中。"谈到书店未来的远景，樊希安很兴奋地畅想："三联韬奋书店将 24 小时全天候营业，成为北京一道亮丽的文化风景线，成为首都一盏引导阅读的明灯。"

本文刊于《中国旅游报》（2014 年 5 月 5 日）

书店开启全天候模式　记者探访夜幕下的书客

刘　斌

　　4月19日凌晨1点多，与往常的周末一样，北京工人体育场的"cargo club"正是最热闹的时分，"419"的谐音成了男女暧昧的理由。31岁的吴晨和24岁的陈昶伦是一对恋爱不足两个月的恋人。"带你去一个好玩的地方。"吴晨拉着微醺的陈昶伦钻进了出租车，"师傅，三联书店。"

　　午夜零点之后，出租车的广播里少了白天喧嚣的广告和曲艺节目，主持人的声音很细腻，在读一篇回味乡愁的散文，之后传来了一句广告词："各位中央人民广播电台的听众，大家好，我是三联韬奋书店总经理樊希安，养成读书好习惯，就像总有好朋友在身边。"

　　59岁的樊希安身边是浓浓的夜色。办公室的时钟指向了凌晨两点，他刚刚参加完三联韬奋书店24小时试营业以来的首场夜读活动。这个时候，他想再到书店看一看，他走下4楼的办公室，绕到了一楼书店的正门，一群穿着校服的姑娘正在书店门口拿着手机自拍。

　　自4月8日起，北京三联韬奋书店开始为期24小时×7天的试运营，并决定在4月23日"世界读书日"当天举行挂牌仪式并正式营业，成为北京首家24小时全天候书店。

深夜书店

陈昶伦没想到男朋友口中"好玩的地方"是书店,相当长一段时间,他俩都是北京深夜最活跃的人群。陈昶伦在一所大学念书还没毕业,吴晨在一家给汽车设计智能设备的企业做职员。

此时,书店里人并不少。她被男朋友拉着到了书店的窗边,那里放着一排5个小书桌。吴晨变魔术般地从"港澳台"书架中找到了一本画册,放在了她面前。这是陈昶伦一直想买的一本关于建筑的画册,但因为没有引入到国内,只能在网上看网友发的概略图。"这是上周刚到的……"吴晨在书桌旁得意地笑着,从包里掏出了一罐饮料。拿着盼望已久的画册,陈昶伦从包里拿出了手机,一边拍书一边拍自己,吴晨则找来了一本杂志,有一搭没一搭地看着。

午夜零点后,在地下运动不息的地铁和人们一样,安静入睡,路边还在忙碌的人是加班的地铁施工人员。三联韬奋书店的总经理樊希安看着橱窗外的工人说:"8号线如果建好了,三联书店将是一个终点站,那时候客流会更多。"

午夜零点前,很多小朋友和家长在书店的东区集中,那里是书店的童书区,摆了张桌子,陈列着三联的"文创产品",一些孩子和书店营业员要来了纸笔,趴在桌子上照着儿童图书里插图的模样画画。家长在旁边,拿着一本畅销书,翻看着。周末的夜晚,家庭成员也没有了时间概念,更多的人坐在通往地下一层的楼梯上,人手一书。这地方空间较大,夜已深,没有人穿梭其中打扰,没有书灯,没有书桌,好在可以倚靠在墙壁或栏杆上,人们的脸藏在书中。

地下一层,工作人员正在将白天顾客挑乱的书放回原处,有的书架空了，他们想去补书，发现空着的书架里放着一杯喝剩下的咖啡。"知道喝也不知道收拾。"工作人员嘟囔着正要拿走扔掉，从书架侧面的地上传来了一声"我的，我的。"一个穿着长裙的姑娘从书架旁露出了半张脸，可能是坐在地板上太久腿麻了，她喊着却没能站起来。工作人员将"咖啡"塞到了她手中，她点点头表示抱歉。

书店里仅有的 10 张书桌已经人满为患，大部分是查看专业书籍的年轻人，笔记本、圆珠笔、水壶……看来这一夜，大家都是有备而来。

夜读一族

凌晨两点，书店里的大部分顾客都已经固定位置，抢上书桌的显得自在许多，没有书桌的顾客，都找到了各自的领地，每个人都熟练地在书架、拐角、侧面划出自己的"势力范围"，一旁是书包倚靠，一边是挑来的图书，坐姿各异。

此时书店里唯一的动静是一群穿着校服的年轻人，有的拿着笔记本，有的拿着照相机，他们是北京中学生通讯社的。拿相机的女孩是 13 岁的吕华锦，她是石景山京源学校的初二学生，这次她们是按照通讯社的要求来体验采访"24 小时书店"，她们似乎对每一位顾客都感兴趣，一个接一个地采访，但大多数采访都被拒绝了，几个女孩显得有些丧气。不一会儿，大家又聚在一起分享各自的采访经历。

凌晨 2 点 40 分的时候，十多个男女结伴而来。书店地下一层的楼梯口，有一尊韬奋先生的塑像，他们围坐在那里，好像联欢一般，原来这是一个小型的读书会。读书会没开多久，大家开始了另一个游戏，简易版的"真心话和大冒险"，他们故意压低了声音，免得吵到旁边看书的人，但咯咯的笑声还是让书店里有了一丝活力。

有个更大规模的读书会早些时间在这里刚刚结束。4 月 18 日晚上 9 点，中央人民广播电台文艺之声频道的"小马夜读会"在此举行，这是三联韬奋书店自 4 月 8 日实行 24 小时营业以来的首场夜读活动。读书会以"春天·年轻时"为主题，现场嘉宾北大学者张颐武、80 后作家九夜茴和逾百位观众一起度过了美好的夜读时光。读书会的尾声，是一名民谣歌手在读者面前放声高歌。

这已经不是一个传统意义上的书店。

陈昶伦和吴晨已经离开了书桌，他们来到楼梯边的留言板前，这是书店一个很传统的"回音壁"，现在已被年轻人用五颜六色的心形贴纸贴满，内容并不是什么读书感言，更像酒吧里的留言墙，都是情侣间的浓情蜜意："我 LOVE 嘉嘉""百年好合"，吴晨在一个贴纸上写着"刀刀（陈昶伦的昵称），永远在一起"，而陈昶伦顽皮地在后面画了一个大大的对钩。在留言板的角落里，一个人这样写道："虽然已是深夜，书香却愈浓，心如止水不忍离去，愿与书同眠。"

此时书店里一些顾客已经睡着，睡姿大都保持了校园般的含蓄，女孩的长发披在写了一半的笔记本上；蓝色小桌子的台灯照着一个埋在自己臂弯中的男子，坐在地上的顾客，有的是书盖在了脸上，有的则滑落在了身旁。而不睡的人，则渐入佳境，一脸兴奋在书的世界里。

那群来体验采访的中学生，已经体验完毕，抱着买来的书到二楼咖啡厅，这里有更舒适的沙发可以坐，咖啡点心，一并上来，刚翻开书没几页，一个同学喊"啊，这里有 WIFI！"身旁的同学都兴奋地打开了手机、iPad，屏幕的蓝光在每一个少年的脸上闪烁不停。只有穿着制服的保安，在书店里踱来踱去。

凌晨5点，天空放亮，空气里灰尘和早餐的味道交替飘来。樊希安又一次下楼来到书店门口，和一个准备进门的顾客擦肩，"不知道他是刚来，还是要走。"

本文刊于《山西晚报》（2014年4月23日）

让"深夜书房"照亮一座城

——访生活·读书·新知三联书店总经理樊希安

刘　彬

4月8日，三联韬奋书店24小时全天候经营试运行。半个月之后的23日，恰逢第十九个世界读书日，三联韬奋书店24小时全天候经营正式运行。

"揭牌前后的两个半月里，累计实现销售收入225.2万元，较24小时店开办前日均销售增长200%。"日前，三联书店总经理樊希安向记者介绍说，销售收入的背后是读者的支持。

全民阅读催生新局面

樊希安认为，党和国家高度重视文化建设和倡导读书的大环境让三联韬奋24小时书店应运而生。他说，"倡导全民阅读"首次写入今年的《政府工作报告》，让全民阅读成为国家行动，为全民阅读活动在全社会的深入开展打开了新局面。"广大新闻出版工作者在推进全民阅读中有义不容辞的责任。三联书店应该在推进全民阅读中起带头和示范作用，不仅要多出好书，而且还要尽力为读者的阅读创造条件，满足读者的阅读需求。"

占据得天独厚文化高地

三联人常以"无以复制"的优越人文地理环境为傲。"首先，

聆听音乐

三联书店地处首都北京，愿意读书的人多，阅读环境好。"樊希安介绍说，推动包括实体书店在内的公共文化基础设施建设，是北京发挥全国文化中心示范作用、建设中国特色社会主义先进文化之都的重要内容，三联开办 24 小时书店得到了北京市有关部门的有力支持。

樊希安说，三联书店近几年正以编辑业务楼为依托打造三联文化场，改革重组了韬奋书店，创办了韬奋图书馆、读者俱乐部、书香巷等，文化圈的发展逐渐聚拢了更多的人气。"104、108、109 等数十路公交线路必经于此，地铁 5 号线、6 号线以及正在修建的 8 号线交会之地……便利的交通条件使韬奋书店近几年成了人流潮涌的'热码头'。"

秉承"竭诚为读者服务"教诲

樊希安说,人们对三联韬奋24小时书店的高度关注和肯定,源自于人们内心对读书的喜欢和钟爱。"24小时书店把销售功能扩展为兼有图书馆的阅读功能,为愿意到公共场所挑灯夜读的人打造一处'深夜书房',提供一块'阅读的绿洲'。"

读者普遍认为,打造"深夜书房"大大方便了"书虫"阅读,也给忙于工作的上班族挑选图书提供了更多机会。樊希安说,80年来,一代一代三联人秉承韬奋先生"竭诚为读者服务"的教诲,传播知识,追求真理,传承文化,在读者中赢得了很好的口碑。"24小时书店开业后,许多读者涌入'深夜书房',其中一些人就是冲'三联'的牌子而来,这使我们既感到欣慰,又深感责任重大。"

创办24小时书店,既面临着机遇,又面临着挑战;既可能成功,又可能失败。樊希安说,韬奋书店全体员工雷厉风行,从2月8日决定开办,到4月8日试运营,仅用两个月时间,就在不耽误白天运营的前提下,三联人开启了"深夜书房"的灯。"'人心齐,泰山移',我们又一次尝到了团结奋斗结出的硕果。"樊希安感受到了精诚合作的精神。

责任在肩,不敢稍有懈怠。三联人将倾全力使之成为北京一座"精神地标",一道亮丽的文化风景线,一盏永不熄灭的引导阅读之灯。

本文刊于《光明日报》(2014年5月15日)

"深夜书房"生动践行"全民阅读"

——记三联韬奋书店开办 24 小时书店

黄　鲁

　　三联韬奋 24 小时书店提出了"深夜书房"的概念。书店里专门配置了桌椅和台灯，与任何一家书店都不同的阅读氛围吸引了很多爱读书的"夜猫子"，读者或坐或立，挑选喜爱的图书翻阅。临近午夜的时候，"深夜书房"灯光依然明亮。书店夜读已悄然成为京城人们的一种生活方式。

　　三联韬奋书店从成立初期就秉承着生活·读书·新知三联书店文化坚守的传统，在全民阅读日益成为一个社会性话题的时候，果断地提出"深夜书房"的概念。本着做公益的初衷却不料收入颇丰，三联书店总经理樊希安深感意外。

　　樊希安说，最早有开办 24 小时营业书店的想法是在 2008 年，他去台湾诚品书店访问时萌生了这个想法。2013 年国家出台政策支持实体书店，12 个城市的 56 家书店获得中央文化产业发展专项资金 9000 万元，三联韬奋书店得到了 100 万元的资金支持。同时国家还出台了免税政策——免征 13% 的增值税，这对于三联韬奋书店来说又是一个利好的消息。以 2013 年为例，三联韬奋书店的营业额是 1300 万，免税后相当于增加 60 万收入；加上赢利 40 万，一共 200 万的资金。樊希安认为，从资金方面讲开 24 小时书店是足够了。

　　三联韬奋书店是北京城有名的文化地标，近几年它周边的文化商圈已逐步形成。书店南边是王府井步行街、商务印书馆和北京人民艺术剧院，西边有中国美术馆，东边是隆福寺广场、地铁5号线和6号线，还有几十条公交线路在这里交会。每个周末，书店二楼的雕刻时光咖啡馆客人都是满满的。国家的支持，品牌的确立，交通客流的便利，樊希安说开24小时书店的时机已经成熟了。

4月8日，三联韬奋书店开始24小时试营业。试营业期间，每晚10点到12点以前是客流高峰。12点以后基本上都是年轻人。后半夜的客流量为30人到50人。夜里来书店的人多以看书为主。书店每晚安排8名店员，其中一名保安、两名收银员和5名导购。书店的营业大楼没有房租，开24小时书店只需投入电费和不多的人工工资。虽然初衷并不是赢利，但是试营业的读者客流给三联韬奋书店带来了意外的惊喜。半个月的时间，晚间的销售收入比白天的还要多；白天的销售收入也比原来同期增加55%。4月23日正式营业以后，销售情况更是令人惊喜：4月26日，书店的夜间销售额高达5.6万元人民币；4月27日夜间的销售额达到3.7万元人民币。

樊希安说："三联韬奋书店一直有文化情结。对于经营者来说，办24小时书店的初衷只是着眼于社会公益性，并没有考虑到能挣多少钱。就目前的营业情况来看，24小时书店前景还是不错的。"

在目前低迷的出版环境下，三联韬奋24小时书店无疑是给出版界带来了一剂兴奋剂，从中或许可以看到出版的一线曙光。对此，出版界表示给予三联韬奋24小时书店政策上的支持。樊希安认为24小时书店坚持下去不是问题，三联韬奋书店完全有能力自负盈亏。

除了给读者提供了一个全天候的阅读空间，"三联不打烊"也产生了巨大的社会影响，特别表现在媒体人对倡议阅读的全力

亲子阅读

支持。尽管目前人们对社会环境与氛围的评价离不开"浮躁"、"喧嚣"和"功利"几个词语，但是 24 小时书店引发人们的关注本身也足以表现出当下社会人们对读书的渴求和对社会发展的思考。"深夜书房"既点燃了读书人的热情，也点燃了书界的热情。

在图书出版界形势低迷的状况下，出版已经被定义为夕阳产业。传统的纸媒出版日益遭受新兴电子数字化产品的冲击，人们的阅读方式也发生了巨大的变化。人民文学出版社副社长李春凯在接受记者采访时表示，他对三联韬奋 24 小时书店持乐观和积极的态度。李春凯从事图书发行行业 15 年，从发行业务员做起，经历了图书市场的各个转型与兴衰时期。李春凯说："我们一直把三联韬奋书店定位于学术书店，他的选品相对集中，目标读者集中。三联韬奋书店经过长期的经营已形成学术品牌，尤其吸引了学术专家和文艺青年。24 小时书店也主要是针对这个群体。如果要在北京选择一家有条件开办不打烊的书店，那一定是三联韬奋书店，也只有它才能拥有天时地利人和的条件。"

　　但不管怎么说赢利都是书店生存的依赖，那么各个出版社有没有对 24 小时书店给予实质上的帮助呢？樊希安介绍说：目前出版社与三联韬奋书店仍然是正常供货，供货折扣上并没有什么变化。但是中国书刊发行业协会在世界读书日也就是 4 月 23 日那天下午，在三联韬奋书店举行了隆重的倡议大会。社科委主任和龚介绍说，中国书刊发行业协会社科委已经向所属 139 家成员单位发出支持倡议，对于像三联韬奋书店这样实现自身经营模式创新的书店，出版社在发货时间和品种、发货折扣和结算方式等方面给予保证，并采取更加优惠的政策予以支持，以帮助其转型发展和创新发展。无论采取什么样的手段和措施，根本还是在于希望三联 24 小时书店能够继续坚持下去，这是全行业的期待。

　　尽管三联 24 小时书店如火如荼地经营着，社会各界也都给予高度的关注，但是业内人士也提出了对三联韬奋书店经营角色错位的质疑。现在的图书行业竞争激烈，完全的买方市场决定着出版社的发展和未来。"深夜书房"无疑是向读者全面敞开的，读者喜欢哪本就翻看哪本。虽然说不以卖书为目的，可书店毕竟不是图书馆。李春凯对于经营角色错位是这样解读的：实体书店与网店的竞争日益激烈，实体书店要在竞争中生存，必须发挥出网店不具有的服务功能。三联韬奋书店的图书馆服务功能在放大。也正是由于服务功能的放大才会吸引更多的读者到店里来，这正是书店销售的良性互动。

　　在行业发展的初期书店有残损率，一些破残的图书都是由书店承担，渐渐地一切退货由出版社承担，出版社也接受了这个现实。三联韬奋书店的"深夜书房"会不会带来更多的残损图书退货？相信在不远的将来随着"深夜书房"的长期经营，问题会浮出水面。但经验丰富的发行人相信，只要有人翻阅就会增加销售的几率。虽然在某个环节没有实现销售，但一定会在其他的地方得以实现。三联韬奋的"深夜书房"继续发展，需要的不仅仅是书店的努力和读者的需求，也需要行业内出版社的共同支持。

三联韬奋书店用自己的行动为社会、为全民点亮了一盏阅读的灯。李克强总理对三联韬奋24小时书店给予高度肯定，评价它是对"全民阅读"的生动践行。

樊希安说，开办24小时书店，我们的本意就是倡导阅读，倡导全民阅读。有些人担心冬季会不会有人来"深夜书房"，对此我们并不担忧。因为现在人们的生活方式已经发生了变化，不会因季节而动摇。哪怕只有20人来，哪怕只有8个人来，我们都要坚持下去。天长地久，让它在北京成为一盏引导阅读的明灯。

回顾三联韬奋书店开启24小时书店，不得不提到2014年1月17日。那天下午，李克强总理在中南海主持召开座谈会，听取教育、科技和文化等代表对《政府工作报告（征求意见稿）》的意见和建议。樊希安总经理作为新闻出版界的代表建议，将全民阅读写进《政府工作报告》。李克强总理当时就表示，这个建议很好。

2014年4月8日晚开始，三联韬奋书店正式开启24小时书店；4月18日，樊希安总经理致信李克强总理，介绍该书店创办24小时书店的情况。樊希安在信中说，从2014年4月8日夜到4月16日夜书店试运营效果良好，午夜时段来购书读书的全是年轻人。4月18日下午，樊希安总经理接到李克强总理的回信。

李克强在信中说，为读者提供"深夜书房"，这很有创意，是对"全民阅读"的生动践行。

开展"全民阅读"活动，是中央宣传部、中央文明办和新闻出版总署贯彻落实党的十六大关于建设学习型社会要求的一项重要举措。通过阅读推动社会的进步，塑造一种理性、开放和底蕴深厚的文化精神。自 2006 年活动开展以来，在中宣部、中央文明办、新闻出版广电总局和文化部等部门共同倡导下，"全民阅读"活动以各种不同的形式在全国各地展开。

中国出版集团李岩副总裁对记者说，中华民族具有爱读书的传统，让全民阅读固化成常态、恢复民族的读书传统，这还需要中央领导的大力倡导。我觉得可以每年选择一个时点，比如孔子诞辰日、世界读书日、五一国际劳动节，来倡导全民读书。这也是拉动全民消费的正能量方式。文明发达的国家读书蔚然成风，德国总统在每年的世界读书日这天，会选择在一些学校和大家一起诵读。今年欧洲几个国家都在读莎士比亚、读塞万提斯。美国的副总统专门担任一个人文科学基金会的主席，这个基金会的一个主要职能就是向全民推广阅读书目。我认为这是作为领导层应该做的，是政府主管部门应该做的。

2013 年 8 月国家新闻出版广电总局传出消息，全民阅读立法列入 2013 年国家立法工作计划。与此同时，全民阅读立法起草工作小组已草拟了《全民阅读促进条例》初稿。只有全民阅读上升到立法的层面，上升到制度的层面，才能真正地扎下根来。

现在全民阅读的风气已经形成。作为一个城市重要的精神文化地标，我们希望三联韬奋 24 小时书店成为引导全民阅读的一盏明灯。

本文刊于《中外文化交流》（2014 年第 6 期）

三联书店不打烊的精神地标

秦浩　张冉燃

4月8日，生活·读书·新知三联书店旗下的三联韬奋书店试行 24 小时运营模式——北京有了首家全天不打烊的书店。

10 天后，受运营状况鼓舞，总经理樊希安给国务院总理李克强去信，说他们创办 24 小时书店的目的，"旨在为夜晚购书、阅读的读者提供一块'阅读的绿洲'和'精神的净土'，给愿意到公共场所挑灯夜读的人打造'深夜书房'"。

4月22日，即"世界读书日"的前一天，樊希安收到李克强回信。信中，李克强称赞 24 小时书店"很有创意，是对'全民阅读'的生动践行，喻示在快速变革的时代仍需一种内在的定力和沉静的品格"，并鼓励说，"希望你们把 24 小时不打烊书店打造成为城市的精神地标，让不眠灯光陪护守夜读者潜心前行，引领手不释卷蔚然成风，让更多的人从知识中汲取力量。"

一时之间，饱受倒闭困扰的实体书店仿佛焕发生机——中信书店、字里行间等知名实体书店以不同方式转型扩张；24 小时博书屋等也开始涉足 24 小时书店这一全新经营形式……

究竟 24 小时不打烊的经营模式能否长远？又能否帮助实体书店应对网络书店的凌厉攻势？

"深夜书房"

樊希安早在 2008 年去台湾诚品书店访问的时候，就产生学习诚品书店 24 小时营业的念头。

"但当时我自己就把自己否定了"，樊希安解释说，一则台湾属于亚热带气候，四季温差不大，而北京冬天较为寒冷，冬天的客流量成为问题；二则诚品是一个百货公司式的集团，业务范围涉及服装、百货、物流等多个领域，书籍只是其中一个销售项目，三联书店的业务则基本上集中于图书出版行业，这是否能支持 24 小时书店的运营，他心中不能确定。

虽然这一想法暂时搁置，但樊希安始终认为，北京的年轻人对"深夜书房"有潜在需求。接受本刊采访时，他说，以前的三联韬奋书店，营业时间只到晚上八九点，有些上班族刚刚下班，想进去买些书，就会被门卫拦下。这让他感到有必要延长营业时间，因为"不能挡住年轻人阅读和买书的道路"。

经过长时间思考，樊希安感到创办 24 小时书店的时机已经基本成熟。他说，现在国家对实体书店有税收优惠政策，而地铁 5 号线、6 号线的开通，又使得三联韬奋书店的交通极为便利，周边文化商圈逐步形成，再加上三联书店 80 多年的品牌效应，相信创办 24 小时书店会吸引众多读者。

2 月 8 日，也就是春节放假后的第一天，樊希安召集三联书店管理人员，商讨开办 24 小时书店的事宜，计划用两个月的时间准备，在 4 月 8 日进行 24 小时试营业。

可是，并不是所有 24 小时书店都能长期运营，比如 2012 年诚品书店入驻香港时，曾沿袭其在台湾通宵营业的模式，但仅仅试营业不到两个月，就将营业时间提前到午夜 12 点。

有人担心，假如北京和香港一样，末班地铁会带走绝大多数读者，那么，午夜 12 点之后的运营就只是为小众之中的小众服务，成为十足的赔钱生意。

"账不是这么算的。"樊希安说，如果单纯从商业利益的角度看，卖书本来就是不划算的，但书店承载着人文关怀，因此不能完全从经济的角度去衡量。"晚上读书的人将来出几个大学生、几个研究生、几个科学家，甚至几个诺贝尔奖获得者，这个价值怎么计算？"

怀着公益的初衷，三联韬奋书店为增加空调机组、更换新书架、购买新书桌等的投入达到 80 万元。

樊希安表示，他没有想过三联韬奋书店此举会不会盈利，反正也"赔不了大钱"，那么只要书店能有一定收入，国家优惠政策支持一些、出版社补贴一些，能够基本维持书店运营费用，把书店扩展成一个公共书坊、公共图书馆，回报社会足矣。

24 小时营业之后

24 小时营业以来，三联韬奋书店的销售成绩单颇为亮眼。

在 4 月 8 日至 5 月 8 日的首个 24 小时营业月，三联韬奋书店共实现营业额 225.2 万元，日均 7.5 万元，环比增长 100%。其中，4 月 8 日至 22 日试营业期间，夜班营业额 35.9 万元，日均 2.4 万元；4 月 23 日至 5 月 8 日正式营业期间，夜班营业额 45.2 万元，日均 3 万元。总体来看，夜班收入和 24 小时营业之前的白班收入相同。

24 小时书店的开办，也带动了书店白天人气的增长。以试营业期间为例，三联韬奋书店白班总计收入 61.4 万元，日均 4.1 万元，环比增长 55%。

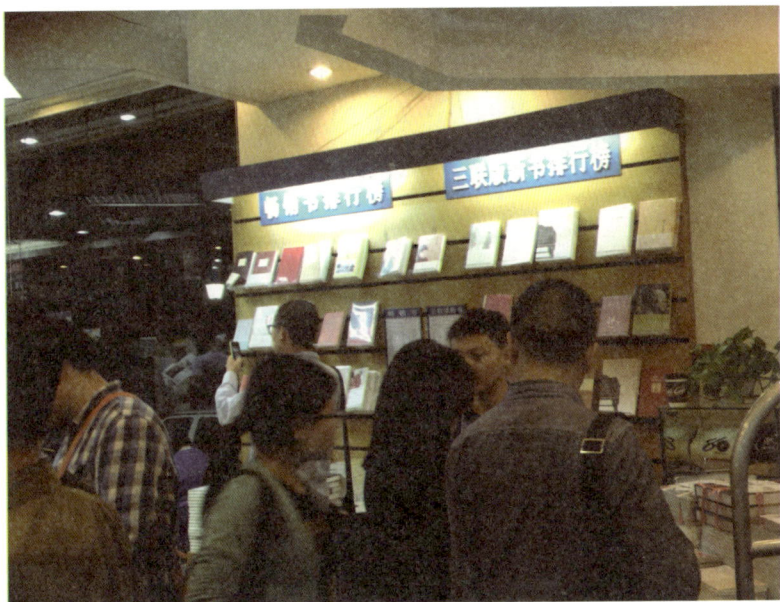

排行榜

　　以此推测，三联韬奋书店的年收益，基本可以负担 24 小时书店每年约 150 万元的开销，资金不再成为运营障碍。

　　这些数据让樊希安颇为安慰："你越想着大伙儿，越想着社会公益，得到的东西越多。"

　　在他看来，正是这种公益性举措得了人心，才有了 24 小时书店营业之后的红火。"虽然大量买书的人不在晚上，但晚上来阅读的读者，有的今天不买，明天就会买，相应地带来了经济上的效益。"

　　樊希安由此看到，24 小时书店有能力自力更生。"我告诉三联韬奋书店的负责人，必须建立长效机制和管控机制，自今而后，自负盈亏。如果不能独立自主，是长不大的。"

24 小时书店的长期运营，不仅需要书店自身的努力，也需要密切关注读者的阅读习惯。本刊记者注意到，晚上 9 点至 12 点，三联韬奋书店还能保持与白天同样的人气；午夜 12 点之后，人数明显减少；及至天亮，早班地铁会带走大部分因通宵读书而略感困倦的读者。

5 月 8 日凌晨 2 点，本刊记者随机采访了几位读者。

张先生说，他家在昌平，公司在三联韬奋书店附近，每天往返需要 3 个多小时，因此，在书店 24 小时营业后，他已经有多个晚上在书店看书。"读书入迷之后就不觉得累了，而且一般每到凌晨 4 点的时候都会在桌子上趴一会儿。"

在北京邮电大学读书的小周表示，他会经常来书店读夜书，并且不会因为冬天的寒冷而放弃，因为"如果真正热爱阅读的话，冬天也会来，正如冬天也有许多人到网吧上网一样，天气不是问题"。

不过，樊希安并不建议所有书店都采取 24 小时运营的模式，尤其是一些中小城市的书店，更需要从实际出发，慎重选择。"归根结底，24 小时营业只是形式，目的还是践行邹韬奋先生'竭诚为读者服务'的宗旨。"

全民阅读

读书，作为一种接受信息、传递知识的行为，对文明素养的形成具有重要意义。

中国新闻出版研究院公布的"第十一次全国国民阅读调查"显示，2013 年，我国成年国民人均纸质图书的阅读量为 4.77 本，比 2012 年增加了 0.38 本。这个数字，只相当于欧美发达国家的一半左右。

与此同时，随着互联网技术的普及，"浅阅读"现象普遍，真正能够静下心来将一本书读完的人越来越少。

这意味着，从数量和质量两个方面，提高全民阅读水平已经刻不容缓。

近年，国家大力号召全民阅读。2011年，《新闻出版业"十二五"时期发展规划》指出，要"以推动儿童阅读与青少年阅读、满足特殊群体阅读需求为重点，大力推广数字阅读，传播阅读理念，培养全民阅读习惯，提高全民阅读能力"。

2014年，"倡导全民阅读"被写入《政府工作报告》。

但在网络书店的冲击下，实体书店近年频频倒闭。2010年，号称"全球最大全品种书店"的第三极书局停业；2011年，中国最大民营连锁书店"光合作用"倒闭；即便三联韬奋书店，也曾连续几年每年亏损几百万元，一度面临倒闭的威胁。

就在实体书店存亡绝续的关键时刻，政策利好"从天而降"。2013年年底，《财政部、国家税务总局关于延续宣传文化增值税和营业税优惠政策的通知》提出，2013年1月1日起至2017年12月31日，免征图书批发、零售环节增值税。在此之前，图书销售环节增值税率为13%，实体书店的盈利部分要缴纳25%的所得税。

今年1月，财政部和国家新闻出版广电总局决定对北京、上海、南京、杭州等12个试点城市开展实体书店扶持试点，56家实体书店共计获得9000万元中央文化产业发展专项资金。

与此同时，地方政府纷纷出台对实体书店的扶持政策。上海市确定在"十二五"期间，每年对实体书店扶持资金的额度不低于1500万元，目前已累计投入2350万元。

作为北京书店最为集中的地区，海淀区今年4月出台《海淀区扶持书店行业健康发展暂行办法》，在北京首次尝试以400万元专项资金扶持实体书店。扶持资金采用项目补贴、奖励、贷款贴息等方式安排使用，每个单位奖励金额最高不超过50万元。

分析人士指出，三联韬奋书店24小时营业后的红火表明，即便在互联网、新媒体的冲击下，传统出版社和实体书店依然有其独特价值，能够吸引大批读者。

中国人民大学编辑出版专业副教授孙利军说，到目前为止，由书店售卖的纸质书还有内容上的优势，有不可替代的价值，这一方面是由于各出版社和书店长时间的积累，在百姓心中有着更高的可信度，另一方面也是因为出版社和作者的联系比较紧密，编辑眼光独到。因此，各出版社在寻求网络经营的同时，也还需要发扬、扩大自身在内容方面的优势。

在三联韬奋书店24小时营业后，樊希安收到一封流浪汉的来信。信中写道："我是一个居无定所的人，连我给你写信的这张纸都是地下捡来的。我这笔也是捡来的。我给你写封信，你们这个事情做得太好了，是到了该倡导读书的时候了。"

这封信让樊希安感觉，社会各个阶层对读书都是支持的，甚至是渴望的。"如果国民都能够将阅读当成是一种习惯，让手不释卷真正成为一种社会风气，我们国家和民族的前途就会更加光明。"樊希安说。

本文刊于《瞭望》新闻周刊（2014年5月26日）

百岁作家马识途"寻根"三联书店

孙海悦　章红雨

　　"我来三联书店是'寻根'的，我对这里有很深的感情。"6月9日19时20分许，在三联韬奋书店24小时营业两个月之际，书店迎来了一位特殊的客人——百岁作家马识途。《中国新闻出版报》记者到达三联韬奋书店时，看到马老在地下一层挑选了《西南联大行思录》、《周散氏盘铭集联》、《汉礼器碑集联》等6本书，并坚持自己付费购买。

马识途先生（前排左）在樊希安（前排右）、
李昕（后排左）陪同下造访三联韬奋书店

马识途（右）、樊希安
在生活书店合影

　　"马老大概是来三联韬奋书店年龄最大的读者。"生活·读书·新知三联书店总经理樊希安告诉记者，"马老专门要到 24 小时营业的三联韬奋书店看看，还非要在晚上来，并特意到韬奋像前拍照留念。"马老还为生活·读书·新知三联书店题词"激流勇进"，为生活书店出版有限公司题词"生活之树常青"。

　　三联书店不久前送给马老一本张曼菱的《北大回忆》，正在北京参加中国作家协会主办的"马识途百岁书法展"的马老，这次特意来找该书作者的另一本书《西南联大行思录》。三联书店总编辑李昕介绍说，马老年轻时怀抱救国理想，韬奋精神对他有着深刻影响。马老 103 岁的哥哥马士弘刚刚在生活·读书·新知三联书店和生活书店出版有限公司出版了《百岁追忆》一书，马老的《百岁拾忆》也将于下个月出版。"同为百岁老人的兄弟俩同时在三联出版回忆录，真可说是一段文坛佳话。"李昕说。

　　"这里真是书的海洋，我今天就是来这个知识的海洋'游泳'的。"马老说，70 年前他曾到生活书店看书，由此逐渐走上革命

马识途先生为
三联书店题字

马识途先生为
生活书店题字

道路。上世纪 90 年代，他曾在时任三联书店总编辑倪子明的陪同下到过三联韬奋图书中心。在报纸上看到三联韬奋书店 24 小时营业的消息，他一定要再来书店看看。

谈及对 24 小时营业的三联韬奋书店的观感，马老告诉记者，三联韬奋书店创造了和其他书店不一样的环境，允许读者清清静静地坐在书店看书的氛围，勾起了自己对 70 年前旧事的回忆。他说，新中国成立前国统区的生活书店也摆满了很多书，坐在地上看书的读者比他今天看到的还要多，他们大多是思想进步的年轻人。"那时没有现在这么好的地板，工作人员看到地面潮湿，就摆了一排小凳子让读者坐着读书。"

马老表示，待 7 月自己的《百岁拾忆》问世后，他将和 103 岁的哥哥、90 多岁的弟弟聚首，共同见证那一时刻。

本文刊于 2014 年 6 月 11 日《中国新闻出版报》

通宵三联书店点亮周边"夜商业"

孙超逸

24 小时不打烊的美术馆东街三联韬奋书店，让喜欢深夜读书的"夜猫子"有了一个好去处，这也带动了周边的夜间生意。前日夜间和昨日凌晨，记者走访书店及其周边发现，美术馆东街上不少饭馆、便利店、咖啡馆通宵营业，书店门口也成了出租车趴活地……这不但满足了看书"夜猫子"们物质上的需求，也吸引部分附近居民前来消费。

"深夜商业"齐亮相

与本市另外一家 24 小时书店 Page One 入驻的三里屯"夜生活"商圈不同，三联书店附近此前并没有成熟的"夜生活"商圈，不管是王府井还是南锣鼓巷商圈，到了午夜时分也都纷纷打烊。虽然不能说三联书店周边已形成"夜生活"商圈，但是 24小时营业的确给美术馆东街带来不少人流，为周边店铺带来了不少夜间生意。

美术馆东街是方女士下班回家的必经之路，"住了十几年了，这条街还是头一回这么亮。"方女士说，她经常要半夜才下班，以前除了附近建筑工地的几盏灯，这条路总是黑漆漆的。

虽然已是凌晨一点多，但街边一家陕西面馆二楼的灯还亮着，厨房里依然冒着热气，店内还有两桌客人在吃饭。"以前我

音像区

们虽然是 24 小时营业，到了后半夜就没什么人了，如今后半夜也总有人来吃饭，尤其是到早上四五点时人还不少。"面馆的老板介绍，如今店里新增加了一个"早高峰"和一个"晚高峰"，不但每天零点左右会有一批顾客从街对面的书店里过来吃饭，每天清晨四五点钟，看了一夜书的顾客也会来店里吃早饭，为此，店里还新聘请了一位厨师。

三联书店楼上的雕刻时光咖啡馆更是来客不断。"晚上店里的顾客比工作日的下午还要多。"雕刻时光咖啡馆的负责人介绍，如今，晚上 9 点到凌晨 3 点成了咖啡馆上座率最高的时间段，不少前来买书和看书的顾客会上楼来喝咖啡、吃东西。与三联书店一样，从 4 月初咖啡馆就开启了 24 小时营业模式，一开始咖啡馆只是抽出一小部分人员"倒班"，但没想到夜里往往成了咖啡馆最繁忙的时候，如今咖啡馆也调整了"生物钟"。"我们现在人员的上班时间主要都集中在夜里，白天反而成了轮休时间。"他说道。

好邻居、7-11、24小时营业的家乡小菜馆……如今三联书店步行3分钟的范围内，已有多家24小时营业的餐厅、便利店和咖啡馆。"我听说最近这里还要再开一家24小时营业的甜品店。就在那！"指着书店对面一家门口堆满装修材料的店面，方女士高兴地说道。

吸引不少的哥趴活

"一共是82元，您刷卡还是现金？""我马上给您打包，请这边等。""您在这里写一下电话，等书到了我们给您打电话。"凌晨一点，三联书店的夜间主管王浩依然忙碌着。"目前书店每天夜间的销售额稳定在2万元左右。"他告诉记者，从晚上九点到早晨九点，工作人员虽然比白天少了近一半，但销售额依然可观。

从今年4月初开始24小时运营到现在，两个多月时间下来，书店夜间的阅读群已经相对固定下来，大学生、白领等构成了最主要的读者群。"最近世界杯，熬夜看球的市民多了，很多球迷在簋街看完球赛也会到我们书店来。"王浩说。

24小时不关门的三联书店也吸引了不少的哥前来趴活。

"现在，晚上我经常到这门口趴活，没10分钟准保有人从书店里出来打车，一晚上能拉七八个。"今年44岁的程师傅已经开了13年的夜班出租车，以前他最爱去三里屯工体趴活，但自打三联书店开始24小时营业，他就改在了美术馆东街上趴活。

"第一次来是因为三联书店门口有顾客用打车软件叫活，一拐过来就有其他人招手，到了书店门口好几拨人都要上车，我才发现，这边人还不少。"他告诉记者，北京夜里热闹的地方并不多，出租车都围着这几个地方转，而此前美术馆东街可不是"夜生活"聚集地，很少有出租车主动过来，但如今可不一样，随着书店开始 24 小时营业，已经有十几个同行跟自己一样专门过来趴活。

记者在书店外观察到，从书店不断出来三三两两打车的人，打到车的时间一般在 3 至 5 分钟左右。"半夜是不好打车，但一般不会等很久。"书店门口的保安告诉记者，如今书店门口已经成了周边一带最好打车的地方了，经常有出租车来趴活。

"晚上和凌晨有两个顾客离店高峰，一个是晚上 11 点左右，一个是早晨 5 点。"王浩介绍，夜间书店人流进出也很密集，除学生外，其他读者群多数并不会选择在书店过夜，多数都会选择乘坐出租车离开。"我们已经准备把门口的停车位专门给出租车留出两个，这样更方便顾客出行。"他说。

本文刊于《北京日报》（2014 年 6 月 23 日）

五、读者心语

编者按：为了更好地竭诚为读者服务，三联韬奋书店专门为读者开辟了一面留言墙，名为"读者园地"。韬奋24小时书店开办以来，"读者园地"反响热烈，总计收到了上千份读者留言。留言的读者，上至耄耋老人，下到总角幼童，近有京城学子，远及海外友人，专程从全国各地赶来感受与支持24小时书店的读者亦不在少数。他们遣情笔墨，书写心香，将对三联书店的深情厚谊，对24小时书店的支持赞誉，对读书阅读的嘉许向往，对精神生活的孜孜追求，对营造书香社会、提高国民阅读品质的殷殷期盼，全都留在留言墙上彩色的纸片中。这些留言读来，有的温馨感人，有的催人深思，有的饱含期盼，有的引人奋进，使人感到，在读书的路上，每个个体都不孤单。这些读者心语，同时也是对三联书店不断提供更好精神食粮、更好为读者服务的激励和鞭策。本书撷英取华，精选了三百余条读者心语，以飨读者。在选录时尽量保持原汁原味，只对个别错别字及语句不通处做了修改。

▲ 第一次来三联书店，很喜欢这里的味道，温馨、很有文味，以后会常来吧！

∧_∧ MQFF AM：3:41 2014.4.24

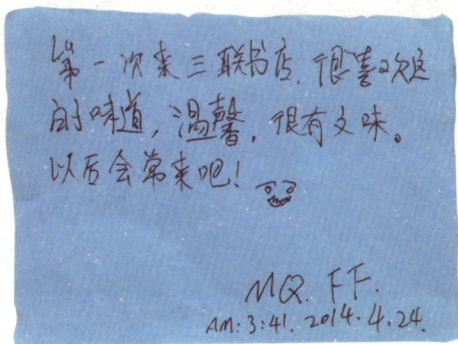

▲ 虽然我是第一次来这里，但是我觉得它给我很多 magic 的东西，希望更多的人来到这里。

▲ 新婚旅行来北京，听朋友说三联书店有好书，感觉书的海洋很是惊艳！！！

2014 年 3 月 27 日

▲ 保持终身阅读的良好习惯，很久没有到实体书店读书了。

2014.4.25

▲ 读书时，心静时，严肃！

杨唯 2014.3.22

▲ 老师曾说：高三最值得纪念，因为那时的我们无所不知，望自己可以在这度过高中生活！

高考加油！

熊：2014.05.03

▲ 27 岁三部曲，卡卡跑丁车，夜游护城河，泡三联。

YSY 2014.4.23

▲ 来这里看书，希望找回心中那份丢掉了的平静与自由，希

望我能考上好大学，一直开心，心想事成。PS：感谢你们，给我这么好的读书环境！

　　　　　　　　　　　　　　　　　　　　　　　Su　5月3日

▲ 周末，闲暇时光；阅读，平心静气；品茶，修身养性。我在三联书店！

　　　　　　　　　　　　　　　　　　　刘玉珠　2014.03.29

▲ 第三次一人来三联，相信某一天我们会一起来的！

　　　　　　　　　　　　　　　　　　　　　　　彪　5.3

▲ 感谢三联，给了我和亲爱的呆萌并肩而坐遨游书海的机会，两人坐在一起安安静静地看书，这就是一种无须言说的幸福，就像我选的小说《起风了》里面描述的一样，这份安静的互相守候便是人之大幸。大爱三联书店，大爱哆啦A梦，大爱呆萌么！

▲ 与田坨坨浪漫的书店之旅。

▲ 很赞，读夜书！

▲ 大老远过来感受书香。

　　　　2014.4.25

▲ 第一次来到24小时不打烊的书店，感受书的气息，第一次来到帝都，第一次远足旅行。谢谢你们！

　　　　Shawn 双　2014.5.3

▲ 第一次来北京，第一次来三联，感觉都很棒，为自己不放弃，加油莉莉。

　　　　2014.5.12

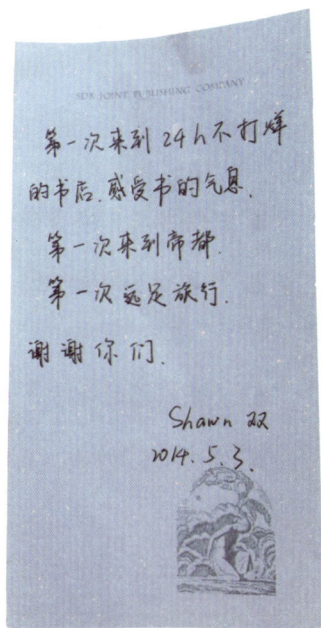

▲ 第一次来 BEIJING，最先想到的就是三联书店，在这里能让我浮躁的心安静下来，夜读，夜向人生。

奋斗中的小小鸟　2014.5.3

▲ 1998 年第一次来到这里，现在我要生宝宝了，第一次带先生来，买了大学时读的书。

2014.2.9

▲ 在三联会好朋友，感觉太棒了。

▲ 三人行此师于人，联通天下学识闻，韬学饱读育圣神，奋发图强中国魂，书中自有玉金粟，店门终开纳学绅。

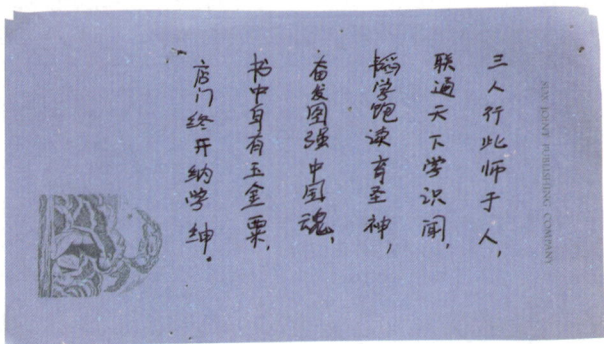

▲ 三联书店，修养的灯，智慧的灯——摘鲁湘老师语。

▲ 是否增加一些社会科学类在职人员考阅的书籍，如建筑，施工管理，机电等。

▲ 梦寐以求的地方。

▲ 好样的，加油，我希望让你们多多打折，都来的是新书，多读书。

2014.5.10

▲ 读书让我找到自己，愿：未来两年有更多书陪我度过。

2014.4.25　北京三联书店

▲ 也许这就是在北京生活的动力吧，很怀念家乡。

▲ 在北京最后三个月里，来一趟生活·读书·新知三联书店，感觉没有遗憾了，希望以后来京你还在，超赞哦。

▲ 希望大家都真正热爱上安静的阅读，好读书，读好书。

深圳读者　2014.4.23

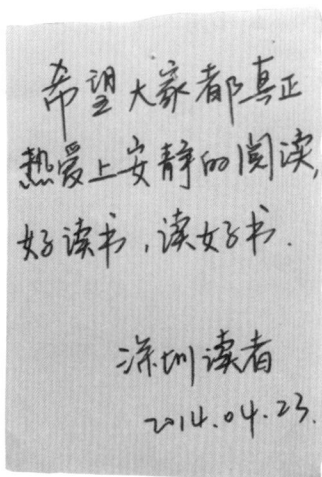

▲ 阅读，思考，写作，产出智慧，反哺生活。

经伟　2014.2.9

▲ 我爱读书，尤其爱跟爸爸一起读书。刘怡然　2014.5.3

▲ 从老家回来第一天，就和孩子来三联了，向三联全体人员拜年，一直喜欢三联如此好读书的环境。

▲ 再近书香。

2014.5.3 凌晨

▲ 九日姑娘，三联书店是咱俩的革命根据地，和你一起来，这里就很有意思，尽管咱俩有时不是在看书吧。

▲ 你知道么，我经常失眠夜里来找寻安静，找寻灯火。

2014.5.3

▲ 书是我们的好朋友。薛静怡　2014.5.3

▲ 卢合肥，说好要做最有文化的情侣对吗？那以后常来三联24 小时书店吧。

罗荆州

▲ 今夜我来了。熊猫　2014.5.4

▲ 书是人类进步的阶梯。我们要爱上读书。

张宝贝儿　2014.5.3

▲ 书香一角，心灵寄托，梦想在心，一路前行，有梦的孩子。

王婷　2014.5.4

▲ 我爱读书，我喜墨香，更愿浪漫，在烛光中，手抚摸着心爱的书，深思。我与三联书店。　　　　　　　　　2014.5.4

▲ 小朋友的书还可以再多一些么？　刘怡然　4岁　2014.5.3

▲ 面向阳光时阴影在你背后，背向阳光时阴影在你眼前，世界从未改变，改变的只是我们面对世界的方向。

2014.5.3　凌晨三时

▲ This is a good place. I like it.　　　　　　　　萌马儿

▲ 致2014年五四青年节，青春的节拍，力量的源泉。　May

▲ 时间：2014.5.10
人物：我、爸爸、妈妈
希望下次来也还可以写。　　　　　　　　　　　赵玥然

▲ 三联有你，畅读一夜。书是人类进步的阶梯。

杰　2014.5.5

▲ 希望明天姐姐归途一切顺利～如果能有更多的人走进书店，更好。　　　　　　　　　　　　　　　　　　2014.5.3

▲ 愿我与凡凡能永远在一起读书。　　　田田　2014.5.2

▲ 因为有你，连书店都有了甜蜜的味道。　隋期期　2014.5.5

▲ 和期期一起夜游三联，希望我们明天——不是——是每天都开心快乐，共同进步。　　　　　　　　　　　　　mul

▲"就算整个城市都被大雨倾倒，我也要给你一个拥抱。"雨夜，和四个人一同走在京城二环，是书店 24 小时不灭的灯光在指引。

Lxy　2014.4.26　凌晨 3:06

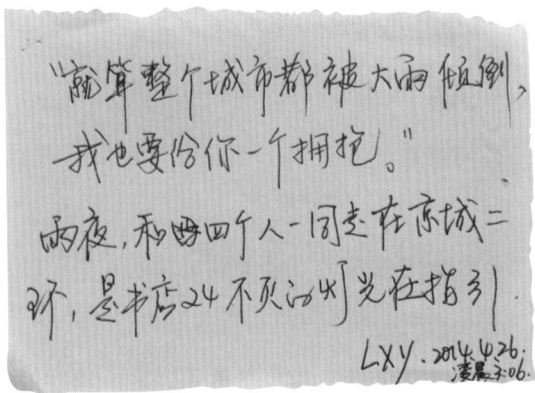

▲曾在此工作，学习，留恋，徘徊。热爱这个地方，愿它永远屹立不倒。祝永远。

老员工

▲十五年前，坐在楼梯上，今天依然在这里，十五年后希望我们还在。

Mm　2014.4.24

▲听人说读书是吃饱了撑的人才会做的事，因为它满足的是精神世界。

子矜　2014.5.16

▲书是人类的朋友，我们要多看书增长知识。

章冰瑜　2014.5.8

▲当城市进入午夜，书店就是灯火。　　张丽彤　2014.5.10

▲好多书，根本看不完，怎么办？　　　郭　2014.5.10

▲故地重游，温馨如故。　　　徐海晨　2014.3.22

▲ 想起学生时代，和喜欢的男生一起逛书店，那时候的爱，不 KISS 不亲热，是两个人看一本书，感受他的呼吸离自己好近，是两个人从书本上抬起头时的相视一笑，瞬间红了双颊。

晓　2014.5.9

▲ 希望书常读，人常在。

▲ 24 小时书店 24 小时心灵 24 小时寻找。　　　　2014.5.5

▲ 对三联的期望，应该不止于此，三联书店应该启迪人们，愿越办越好。

▲ 很享受地把河智苑的自传体读完了。4 个小时读完一本书算快了吧，以后会经常来这里的，啊，爱学习的人真多呀！

▲ 我从那个状态中好不容易脱离了出来。现在的我也不再像之前那么天真，愿以后的我再加成熟。有勇气面对一切困难挑战。

2014.5.4　BY 晴心

▲ 书很多很全，非常安静，下次还来。　　2014.5.5

▲ 每周与你相约，看一本，带一本，希望一直这样，直到很久很久！赞！

▲ 这儿不错，虽然小孩儿的搞笑书不多，但这气息，令我陶醉！《那些为你无眠的夜晚》真好！

双若菲（小包包）2014.5.2

▲ 才在杂志上看到"邹韬奋"，晚上就突然来这里了，希望阅读成为我一生的习惯。 　　　　2014.5.6　和鸟鸟

▲ 第一次通宵读书感觉很不一样，爱读书的人心地都十分善良，目前最大的心愿便是读万卷书，行万里路。　樊诗杨　5.10

▲ 现在，北京有了一家"深夜书房"，我来了，感觉真好！那么多好书，那么多喜爱看书的人，中国也有一家不打烊的书店了，深夜为读书人、为北京，点亮一盏灯，真感动。　By 蓝贝

▲ 我来看看我最喜欢的地方，我留在了，你最喜欢的城市。

2014.5.1

▲ 最纯洁的梦想，最痛苦的命运，坚持每一天，母亲节快乐！

2014.5.11

▲ 三联韬奋，我愿再来！知识就在经典里。济南到北京，顺了一本《道德情操记》，是牟老师的推荐书，一定要读！

2014.4.29

▲ 智慧从书中来，并决定着人能走多远，有时候，太痛苦是因为书看得太少，想得太多。　　　　童钰文　2014.4.2

▲ 第一次来三联，与所爱的人。是不同于图书馆的另一种阅读体验，拥有一间这样的书屋是一直以来的梦想，当阅读成为习惯，是人生之幸事。　　　　corbin　2014.5.6

▲ 第一次来三联是为了拍片，拍摄过程中，身旁走过一支专业队伍，应该是哪个电视台的，相比之下，顿感羞涩，但是，下周五我还会来这里刷夜，好期待！　　　　星子　2014.5.9

▲ 这里不错哇，虽第一次来，以后会经常来的，好好看书。

刘保保　2014.4.19

▲ 最想度过的浪漫一夜，再来一次。

▲ 读书乃世间第一等好事！　　　　　　韩娇　2014.5.9

▲ 我喜欢那个寂静的自己，喜欢窝在这样的书店，人多更能找到属于自己的小世界。　　　　　　　　F\L\T　2014.5.12

▲ 一路导航来到三联书店，才明白什么是惬意。

▲ 今天第一次来到这里，慕名而来，为这京城第一家24小时的书店，也许少时无意间经过这里，却只是在街上走过，不曾进来，感觉生命很神奇，几年后，当我再次走过这条街，才真正与三联韬奋书店邂逅，很久没来过书店了，久违的亲切感，不断长大，却越来越少地能安静地品读一本书了，不管怎样，生活仍在继续，希望越来越好！　　　　　　　　　　　2014.4.19

▲ 只要去读书，就会有好的事情——发生。　　乌昂西音

▲ 秉烛夜读美好时光，就在三联深夜书房。　　2014.5.4

▲ 潜移默化在书中，也愿书能够让阳光照耀年轻的心。希望智慧能让梦想成真。让我感受到 more happiness!

▲ Date with San Lian. 二十多年了，一直死性不改，喜欢书店的味道，每每来到这里，心情便会如此踏实，平静，小幸福，足矣了。I love in San Lian.

▲ 实体书店，一种必须存在于人类社会的事物，我们每个人都有责任去支持它。还有，爷爷，祝你生日快乐！　　2014.5.15

▲ 阅读于手，阅读于心，希望以后的日子一路有你！

2014.5.8

▲ 想找《悬壶外谈》却没有了，好可惜！！

▲ 从南京慕名而来，感受到了这里良好的气氛，希望有更多这样的书店运营起来，感受书香带给我们的魅力。

2014.5.2

▲ 读书点亮生命。

李和振　2014.5.18

▲ 王恩佳：一直想找地儿刷夜！三联很赞昂！

王大维

▲ 棒！！！三联书店，精神的天堂，当今社会，让心灵修炼的地方！

2014.5.7

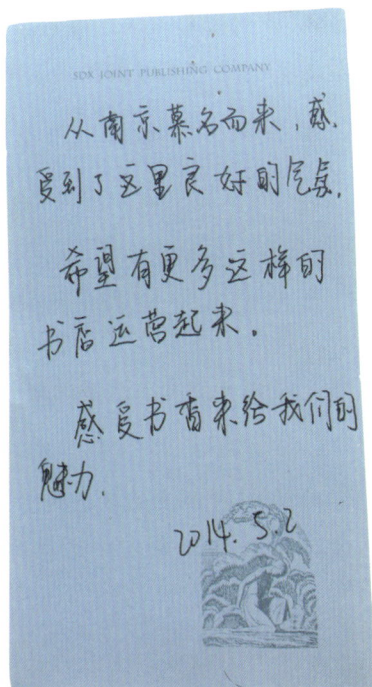

▲ 至大无外，至小无内，有了书香，城市没有边界，三联24小时，北京的理由，一如深圳中心书城24小时书店。

▲ 井少，当你的才华支撑不起你的野心时，安静地读书吧！克服拖延症，晚睡症，专心做富山事业。内蒙古勇少　2014.5.19

▲ 虽然平时读书很少，但深知开卷有益，似乎也只有看书，是我能想到的拯救自我的好方法了，静下心来学点习，充实下自己，总该是能有所改善的吧。

2014.5.8

▲ 怎么没有苏轼的《罗池庙碑》字帖？王小波的小说？

蒋　2014.3.26

▲ 书被催成墨未浓。

2014.5.14

▲ 第一次来三联，体验 24 小时营业，感受了不一样的夜晚，经历了不一样的采访，生活真的可以很不一样！

▲ 支持 24 小时三联书店，在这里让心灵得以休憩，希望每周可以定期过来。让读书成为生活中必不可少的一部分。

2014.5.9

▲ 我记得十八岁的生日愿望是，希望明天，我还是我，四年过去，我知道我早已不再单纯，接触的事情越来越复杂，但我依旧想要成为一个简单清澈的姑娘，远离虚伪和刻薄，做一个善良的人。

2014.5.1

▲ 大学时产生的梦想终于实现了——在书店 / 图书馆过夜。感谢三联给读者如我，这样弥足珍贵的机会！么么哒～小象

2014.5.17　凌晨

▲ 要时刻提起对学习的兴趣，有兴趣有动力。

▲ 人不读书，枉少年！

2014.4.24

▲ 坐拥书城未眠人，青灯黄卷思无邪，静默安然佛入定，释怀驭思遣真章——致三联 24H

人民社

▲ 支持 24 小时书店，超赞！！！天刚刚渐亮的书店，安宁而神秘。

2014.4.19

▲ 看见一家三口来，老两口已经年过半百，头发花白，女儿陪着，临走时说了一句："爸，走吧，明天再来。"这是我多么梦寐以求的场景。

2014.5.7

▲ 想和你一起静静地在这里享受书香的乐趣，可你昨晚都拒绝了我的邀请，些许失落，伤感在心。顺其自然吧！希望你开心每一天！！

2014.5.3

▲ 此时是在书店待着的第十五个钟头，准备天亮离开了，从部队回来的这几个月，心里兵荒又马乱，书店很安静。谢谢！结束这次流放，回去之后让自己轻松地面对生活，面对学业压力，恼自己并不能解决任何问题。坚持且培养热爱，自由且不拘独立，忽晴忽雨的江湖，愿你我，有梦为马，随处可栖。

晓霞　2014.5.2 凌晨 5 点 20 分

▲ 一个人的旅行。第一次自己走出来，有幸来到这里，一个 24 小时不打烊的书店，一个适合我生存的地方。真希望可以在夜半睡不着时，来这坐上一整夜。分手的第二十四天。我还爱你呢！

邹笑微　2014.5.3

▲ 跟着导航穿过一连串的胡同，终于到这儿了，哇——开心，兴奋。我要找的那本书它在哪里呢？乖，快和我回家吧~《16 型人格的自我修养》——彭索 NICONICO　2014.5.5

▲ 来这里就是看书的，我其实不是喜欢安静读书的人，希望这里的环境帮我静心读点东西，爱生活，爱世界，爱看，爱听，爱想，生活才有希望。　　　　　　　　　　姣姣　2014.5.6

▲ 终于来了！希望能找到座。不知道有没有《英诗的境界》啊。人生的转折点即将到来，厚积薄发~

2014.5.6 晚　JIAOJIAO WITH LULU~

▲ 书香墨迹，以后要带着小前马和小后马，当然还有高级黑先生一起来看书。　　　　　　　　　　　　　2014.5.17

▲ 非常喜欢这里的读书气氛，温馨，舒适。希望能长长久久地坚持下去！谢谢！　　　　　　　　　　　故事妈妈

▲ 生活在书店附近的最大好处就是随时可以来这里，阅读，

这是件很美妙的事，伴随着三联的变化，我也成长了。 2014.3.5

▲ 这里是一个少有的能让身心俱放松而恢复宁静的地方，有句话说得很对："人生只是我们余下的时间而已。"珍惜书带给我们的那份平静祥和，珍惜在书中找回的久违的充实与快乐，真正的享受源于功利的目的去阅读，喜欢这里的氛围，祝安好！

2014.4.23

▲ 第一次在书店刷夜，人忒多了，在楼上咖啡厅待了一宿，早上过来，看见24小时诵读会，一老大爷在读书，特别受触动，原谅我顶不住了，回去睡了，能24H学习的梦想终于有了成真的可能，三联加油，大爷加油！ 2014.4.14 畅畅

▲ 三联书店，一个心仪已久的圣地，在这个浮华喧闹的时代，这个离不开电子产品的时代，我依然觉得手捧一书比低头看屏姿态优雅得多，希望三联能一直走下去，为了我们这些爱书人，也为了精神世界的那片天。

▲ YOU ARE WHAT YOU READ! MUMU

▲ 写给即将二十四岁的自己：你明白，只要你想做一切都不晚，你明白，无论别人说你偏执，说你假装文女，你知道，什么样的是自己，别害怕年纪，害怕光阴。害怕没伴侣，害怕丢了自己，别丢了内心的安静书房，别丢了最自在的自己，加油，姑娘，加油！ 2014.5.4. 赵琳

▲ 五一休息才有时间过来感受夜读，半夜是最靠近灵魂的时光，写了一些清单，希望实现，加油！ 秦臻 2014.5.2 4:20

▲ 特意从一千公里以外的江西，来到这里，感受到浓浓的氛围，有份莫名的感动，谢谢您，三联书店！！ 王鸭鸭 2014.5.3

▲ 今天，跟弟弟一起来的这个书店，三联韬奋的读书氛围特别好，很安静，许多人进来之后都把手机调成了振动状态。

2014.5.3　胡

▲ 北京，三联：I'M HERE，WHERE ARE YOU？我想你也会喜欢这里，就像我喜欢它一样，再见，我们一定会再见。

抖抖 IN 都都　2014.4.30

▲ 这里有父子，有情侣，这里有季羡林，有杨绛，这里有许多默然相伴的读者，这里有书，这里是书，美好时光，感谢陪伴夜读不寂寞。

林妍

▲ 来过这里之后，心里就暗暗地想：以后不会再长久地离开了～

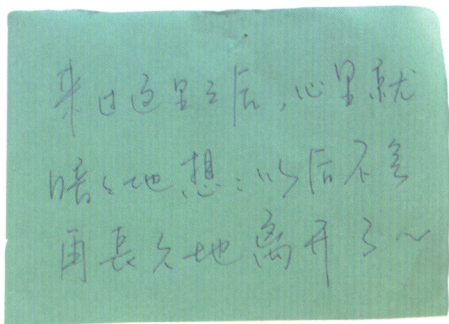

▲ 陪伴是最好的语言，这个书店，不一样的阅读时光！

2014.5.2　鸭梨儿

▲ 在不想睡觉的清晨，找到一个可以让心灵沉淀的地方——三联书店。

邦尼

▲ 每一页都是对心灵的慰抚。

2014.5.6

▲ 虽然三联是个中等书店，但是书很多，不管怎样，我都会

记住三联书店，好好读书，好好看书，虽然去三联，不是很长的时间，但却让我看到"爱"呢！ 2014 李

▲ 一年来一次，年年岁岁的书相似。书，只有买走，才是我的。

▲ 2015 年的我是什么样子，我想象不到，一直以来，想远了就会怕，想近了又模糊不清，2014 年的我爱书如命，这个我知道！

▲ 北京三联韬奋书店：我喜欢这里的学习环境与氛围，让我放松，又一次找到了灵魂的寄托，很期待此家可以成为北京第一家 24 小时营业的书店。支持！ 李菲

▲ 我一直觉得通过内心指引，每一条路都能抵达香格里拉。
2014.5.3 宋晓里

▲ 今天一个人在北京等人，在书店度过了充实的一天，很开心。很遗憾，没有体验 24H。很喜欢三联，书很全。 5.3

▲ 读书是为了遇见最好的自己！ 刘妹妹 2014.5.4 18:07

▲ 只为阅读只为生活，只为一个理由来到这里。 2014.5.2

▲ 可惜没有日文原版书呢。 2014.5.4

▲ 带小妹子来三联刷夜，很喜欢在这里的感觉，希望三联书店里的灯一直亮下去！ 2014.5.5

▲ 下次再来，一定！一定！ 2014.4.30

▲ 阅读美妙，处于心，之所以静。 2014.5.3 凌晨

▲ 老葛：生日快乐！很开心又陪你过了一个生日，虽然今天有点冷，现在时间有点晚，但是能在你身边，我就觉得像是回到了大学时朝夕相处的日子，很开心有你在。24 岁，我们好像有更

多的烦恼，更多的看法，更多的不开心，更多的压力，而相聚也越来越难，多希望每个需要人陪的日子，都可以像以前一起去西门吃麻辣烫那样，可以招手即来一个朋友，不管怎样，一如既往地希望你平安，快乐，心想事成！　　　　　　　　　2014.5.1　范

▲ 致二十岁的自己：一切都还来得及，只要你找到方向，肯去努力，改变不了处境，却能改变心态，做一个安静读书的女孩，不要把自己想得太强大，很多事情并没有那么简单，未来的路还很长，想要实现的梦也有太多，生活总会无情打击你，你要做的就是微笑面对。一朵开在海风中的茉莉，相信美好也会与你相遇，我不完美，但我做我自己，爱读书，爱微笑，梦想我在！

▲ 爱三联，更爱 24 小时的三联，爱你的黄昏，深夜，凌晨，爱你随朝阳冉冉升起，支持你！　　　　北京读者小北　2014.4.25

▲ 好好读书，好好工作，好好轮滑，好好睡觉！
　　　　　　　　　　　　　　　　　陈业杨　2014.5.1

▲ 现在是凌晨四点半，光怪陆离的夜晚即将结束，要抱着什么心情看书，要抱着什么心情爱人。睡眠在春末夏初一点都不重要。TO BE CONTINUE. WAITING FOR YOU!

▲ 一个不读书的社会中，唯一可以读书的地方。

▲ 我所在的城市，距离京城不远，知道 24 小时的书店开了，一定要来看看，不虚此行，虽然这个城市里有一个人离我很近，但是，我们会越走越远！　　　　　　　　　　　2014.4.16

▲ 其实，最近的心情是极其糟糕的，感觉万事都成了别人的美好而与自己无关。可刚才读完了韩寒编辑的《NICE TO MEET YOU》之后，又获得了好些宽慰。十九岁零一个月的年纪，也许不该想太多，没人给你力量，你得做自己的小太阳。一夜晚安。

▲ 许久不见，甚是想念！看书成聊天，在这儿一整夜一点也不孤单～～～

绵 AND 安少　2014.4.25

▲ 第一次的通宵夜生活献给了这里，希望以后还有机会来！24 小时的书店，充满书香味的未眠梦，看书，入书，才会发现世界之广阔。

LY　2014.5.1

▲ 又来三联了，虽然没买多少书，但还是快乐！PS：多进点好看的书。

郎冉　3.28

▲ 凌晨了！刚刚看到了一个白发苍苍的奶奶还在看书，超赞。

5.4

▲ 特殊的五一，韬奋之旅，虽然没能撑过整个夜晚，但心因阅读而变得更加平静，来北京的日子不长也不短，越到要离开时越能发现她的美丽，再见，三联，我还会再来的，愿所有人都能过上自己想要的生活。

2014.5.1　凌晨

▲ 谁能猜到，只需要一家二十四小时书店，就能安放这么多无家可归的灵魂。

宿目　2014.5.1

▲ 来到这里才知道爱学习的人太多了，回家之后我要更努力地学习，不然真的会被社会所淘汰，加油乐乐，加油 2014，相信未来的路是光彩的！

2014.5.2

▲ 读书，行走，思考，永远不放弃努力生活，永远不放弃努力追寻想要的样子，读书就是面对镜子，清洗灵魂，希望可以清醒，坚定地走下去。

CARLA　2014.5.4

▲ 三联书店，是个人认为最好的书店，多年来，喜欢三联出版的图书，24 小时书店开业，让人感觉会有越来越多的好书，被越来越多的人知悉。与君共勉。

2014.5.2

▲ 这里很好，我会经常来的，和我在学校图书馆的感觉几乎一模一样，来自北京。　　　　　　　　　　关中大侠　2014.5.2

▲ 人生，第一次看书到深夜，要走的路还很长，希望所有说到的都能做到，想到的都能实现，坚持读书！　XYX　5.4 凌晨

▲ 刚才在这里看完了《追风筝的人》，心情有点沉重，似乎每次读完一本书之后都是这种感觉。第一次来这儿，这真的是读书的好地方，以后常来，在这儿看到这么多的书，这么多的人，虽然我们互不相识，但有一种莫名的亲切感，这都是书的魅力。所有美好的东西都不会消失，它们只是像冰一样凝结，而有一天会像花一样重开。　　　　　　　　　黄瑶　2014.5.3

▲ 今天来北京出差，第一个目的地就是这里。夜，悄然来临，我很想你，任琪。　　　　　　　　　妞妞　2014.5.4

▲ 从济南到北京，特意来书店看看，三联晚安，我走啦。

▲ 又一次来，发现人好多。24 小时书店，读，一夜，点个赞！

　　　　　　　　　　　　　　　　　康卫鹏　2014.5.3

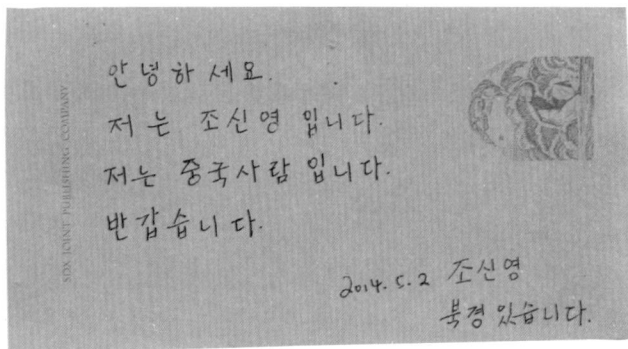

안녕하세요.
저는 조신영 입니다.
저는 중국사람 입니다.
반갑습니다.

2014.5.2 조신영
북경 있습니다.

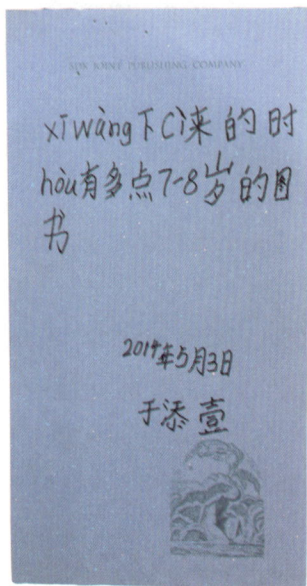

▲ 希望下次来的时候有多点7-8岁的图书。

2014年5月3日　于添壹

▲ 享受24小时，三联书店，从韩国来到三联。

金子　2014.5.3

▲ 书店给予人的安逸宁静之感，与书籍赐予的澎湃一同塑造着读者的人生！　CYY　2014.5.1

▲ 书香是我们灵魂深处那抹最绵远悠长的香气！读·一夜的美好，感谢三联！

琴韵ECHO　2014.5.3　20:09

▲ 三联，北京新的精神地标！　　　　　　李烨

▲ 终于来到了三联，期盼已久的书店，本来打算读一夜，其实没有想象中宁静，人气太高，读书氛围还是挺浓的～BY JASNNINE

▲ 虽然已是深夜，书香却愈浓，心如止水，不忍离去，愿与书共眠！　　　　　张政　2014.4.14 午夜

▲ 从三月听说了三联24小时书店后，就一直希望有一天能来这体验一晚，如今我做到了。　　　　2014.5.3　9:07

▲ 在此熬了一夜，仅此纪念。阳光对你微笑。

▲ 和另两个伙伴，深夜，说走就走，希望下次不是以观赏的态度来这个圣地。

▲ 第一次来，从中午11点AM一直待到第二天7点AM。

很赞，喜欢这种文艺到骨子里的地方。

▲ 今天没想到看书的人这么多。

▲ 夜深，也有去处，读书，是孤身一人时的安全感。谢谢三联收留我一整夜。　　　　　　　　　凌晨 4 点的北京　2014.5.3

▲ 感觉不如往昔，书的品质太单薄，我们往往需要更深的书来变得更神秘。　　　　　　　　　　　　　贺又来过　2014

▲ 晚间的三联书店氛围还是蛮好的，希望能够找到自己喜欢的那本书。　　　　　　　　　　　　　　　　2014.5.2

▲ 神说，要有生命，世间便有了人；神说，要有知识，世界便有了书。　　　　　　　2014.5.2　北京 101 中学生

▲ 这是一家 24 小时营业的书店，所以我们来了，在五一长假的最后一天，虽然暴风袭击了我们，虽然步行过长长的王府井大街，我们的下午在这里收获满满，希望天天开心！每天有收获！

▲ 很开心这次的北京三联"读·一夜"，还会再来！谢谢这次书店刷夜体验。　　　　　　　　　　　　　　保定

▲ 慕名而来，乘兴而归。　　　　BIG ROAD　2014.5.2

▲ 今天第一次来这个书店，是慕名而来的。第一次来书店就在这儿待了一整晚。睡会儿，看会儿，很特别的体验，以前从没有过，书店的顾客们也都或看书，或睡觉，很和谐的景象，希望三联不管生意好坏，都能够坚持下来，因为敢于吃螃蟹的人绝对与众不同！　　　　　　　　　　　　　2014.5.3　小郭儿

▲ 大半夜的走过一段黑灯瞎火的街道！终于找到你！还好我没放弃～

▲ 夜宿三联，有书相伴。　　　　FROM 大连叶阳阳　2014.5.3

▲ 好书店，请坚持！　　　　　　BERTY REX　2014.5.3

▲ 第一次在书店通宵看书很有感，实体书之于电子书还是有很多不可替代的地方。　　　2014.5.3　00:54　北京三联书店

▲ 感觉很温暖，收获知识、人生、希望。　　　　　　2014.5.2

▲ 感谢今晚三联书店的"庄婧书场"带给我们的读书之美和希望之光。我们都不是孤岛，一起加油，庄婧老师好美—— 一位走在路上的新妈妈，母亲节快乐！　　　　　2014.5.10

▲ 真是好书店，愿下次再来。　　　　陈大宝　2014.5.5

▲ 三联书店，我们的精神家园。　　　　李训训　2014.5.7

▲ DEAR，刚刚看了蔡志忠的漫画。记忆回到了童年，那时候爸爸给我买过好多他的漫画书，因为自己太小，又烦于读书阅读，并没有好好珍惜，如今那些宝贵的书也不知了去向。时光可以不经我的允许，带走了我太多的珍宝。　　SWANTY　2014.5.6

▲ 08 年来北京，逛的第一个书店便是三联，10 年来北京读书，四年了竟未曾再来过，就要毕业了，听到三联不打烊的消息，便再来一趟，算是画个句号吧。　　　兔飞　2014.5.1　凌晨

▲ 总该留一盏灯，在黑夜里为这个城市，照看灵魂。

肖文鑫　2014.5.2

▲ 是夜，在地下一层，没有信号，没有WIFI，只有宁静的美好。

张泽远　2014.4.20　1：20

▲ 热爱读书，热爱生活，热爱三联！　　　　　　2014.5.2

▲ 望坚持！！！

▲ 我喜欢这里，喜欢这里的氛围，这里的气息，还有这里沉浸在书籍中的人们，对于浮躁的我们来说，需要这样不一样的地方，一个停下来，让灵魂赶上躯体的地方。　　2014.4.23　凌晨

▲ 只有用心才能发现事物的本质，实质性的东西，用眼睛是看不到的——读自安东尼·德·圣埃克苏佩里的《小王子》

2014.5.6　19:25

▲ 读书是一件多么美好的事！和喜欢的人读喜欢的书，是多么好的事！　　　　　　　　2014.2.5　鸡丁鸡球

▲ 终于来了，向往你很久了，北京第一家 24 小时营业的书店！五一小长假的计划之一就是来这里夜读。看到楼梯上都坐满了人，希望多增加一些方便读者坐读的地方，更希望这里的灯可以一直为读者而亮！心里烦躁苦闷的时候就喜欢在书店治心病、享时间。我会常来，希望你一直在！

KID　2014.5.2

▲ 09 年的夏天在台北，并没有去诚品，因为我知道，我们一定也会有自己的二十四小时书店，我要把这个第一次留给 TA。

Seeker　2014.5.2

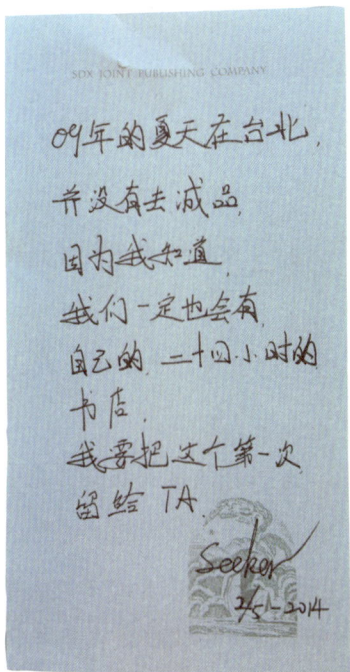

Mit Miriam zum ersten
mal im San Lian.
♡ schönes Lesen !
schöne♡ Unterhaltung.

Alina
4. 5. 2014

▲ 博尔赫斯的文集到了
——能通知一声吗？

陈思予　2014.4.19

▲ 三联是我的大学，这里有我的阶梯教室，当年的保洁员无数次到这里上课，而被工友取笑。现在三联成为唯一一家不打烊的书店，总有一盏灯光为你我照亮！　　　2014.4.23

▲ 给思想充电的好地方！

▲ 不是因为最美的时光遇见了你，而是因为你才有了最美的时光。牵手虽易，携手不易，且行且珍惜。愿能在园子里，书影间，大千世界中，总能寻得我们的一片柔软天地。

TIFFANY

▲ 三联，你真是我梦想的地方，读书，我爱你！

▲ 时代的变迁，冲刷不掉中国人心底的书页与文字情结，书店不打烊，文化老不眠。在这里，找回心里的那份清远与安宁。

MICHARL QIN　2014.5.10

▲ 人间有味是夜读，愿多感受，多欣喜。

MENEEN　2014.4.27

▲ 第一次来匆匆而过，第二次来粗览群书，第三次再来，则要畅读通宵（在浩瀚的书海中寻找心中那一抹期盼的平静）。

赵海涛　2014.5.10

▲ DEAR，今天是 2014 年 5 月 3 日，星期六。这是我第一次来到三联韬奋书店，此刻准备离开，刚刚看了几页书，《阅读救自己》还是《读书救自己》我竟然忘记了，项上的小脑瓜竟这般不中用了，哎。时间悄悄在眼下溜走，我已不再对这里陌生，内心恋恋不舍，我想我还会来到这里阅读的，毕竟有我真心热爱的小伙伴，"本本"们。他（她）们愿意免费，愉快地与我分享快乐，和平，进步，点点滴滴……PASSIN FOR BOOKS！生活因你而精彩！ THANK YOU ——SWANTY

▲ 跟女朋友找三联书店找了一整个下午，按着搜搜地图上错误的指向，我们从东城区折腾到海淀区，再从海淀区折腾回东城区。到这儿时，我们都已筋疲力尽了。不过感谢精神食粮，原谅我让两年的工科生活几近剥夺了阅读的能力，在书中找回自己，真好。感谢三联．感谢女友，誓：给她一生幸福！　　　　张一飞

▲ 夜晚，仍有一盏灯等你，知识，人文，文艺，享受。

METY　5.9

▲ 在互联网的冲击下，实体书店纷纷关门歇业，而三联却一直坚持着，而且越办越好，不得不让人钦佩，这次是我第二次来北京，一个主要目的就是体验一下夜读，在古都的夜色中，手捧一本书，照亮灵魂，这种感觉真的很美妙！　　崔龙龙　2014.5.8

▲ 好雨知时节，当春乃发生，润物细无声，无声胜有声。今天，北京小西贺三联书店 24 小时试营业最后一天，23 日正式营业，望越来越好！北京首家 24 小时书店加油！

陈峰　2014.4.17

▲ 一个满头白发的奶奶朝我看了一眼，笑一笑，继续看书，只有在这里才能得到这种感觉和满足。　　　　琪　2014.5.10

▲ 夜里来看书，真是心旷神怡，就是实在太熬人，准备回去补觉了，对北京没有什么喜欢的，三联算是难得的亮点。

▲ 哇！夜读真的好累，不过感觉也很舒服。加油吧！能坚持到几点？　　　　　　　　　　　　　　　　　　　　　　2014.5.8

▲ 今天下雨，是有意义的一天，北京的雨夜很漂亮，是很有趣的经历，PS: 和朋友一起做没做过的事情有点难忘，THANK YOU，三联！　　　　　　　　　　　　　　　　　　　2014.4.25

▲ 不错，都是我喜欢的文艺书籍，2014 年希望书店加油！

杨静

▲ 读书，让我感到内心那份久违的宁静，不去在乎世俗和现实生活中人际关系与人情世故的繁杂与不快，人与人之间欺骗和勾心斗角的厌恶。只想，安安静静地，在书海中畅游，用心去感悟，这个世界的正能量。　　　　　　2014.4.25　冰蓝海

▲ 2014 年的五一，我跟三联有个约会，24 小时，让专程从外地赶来的我很兴奋，与书同眠。　　2014 .5.4　凌晨 5 点　小曼

▲ 第一次来这里，就有了不想走的感觉，心如止水在这里我能体会到，特别是楼上的咖啡馆哟！嗯，得想个时间在这偷睡一晚！嘻嘻！　　　　　　　　　　　　　　　　　　付嘉研

▲ 文艺，浪漫又踏实的夜读时光，京城深夜约会首选，以后常来的地方。

▲ 不读书的民族是没有未来的民族，三联书店不眠的灯光照亮许多人前进的道路，向三联致敬！　　　　2014.4.26　WLP

▲ 书中自有风月长。

▲ 在这里，能找到感觉，在这里，有女儿陪着真好。

▲ 圣殿。 吴、麻 2014

▲ 情人节＋元宵节到这里来过，哈哈！带走一本历史类的，法学的仍然没买。 明空法师

▲ 愿与王星牵手，一起逛遍世界上所有美丽的书店。

刘增强 2014.5.4

▲ 三联书店：你们办了一件大好事，为中华血脉的文化继续，做得非常正确，谨向你们致敬！仅提一点小意见，供参考，上下的楼梯比较宽，两边都坐满了热心的读者，右手是不太方便的老者，未免为难了，我也为难多次，才敢下楼梯，买了一本心仪作品。 2014.5.3

▲ 很安静，书好多，好喜欢，可惜我要离开。 2014.5.5

▲ 一本书改变不了世界，但是可以改变自己，看世界高深的读书！爱三联！ 2014.5.7

▲ 为了我这个没事就跑来刷夜的室友，三联也一定要继续着自己的风格经营下去，让更多更多的实体书店延续这样的道路。

▲ 书到用时方恨少，虽然没怎么用，很久没有读书了，需要静下心，抽出时间，挤出时间，认真的，读一本好书。

刘克彬 2014.5.13

▲ 第一次夜晚来三联，听完读书会后，省下一点时间来逛书店，书太多，资讯太多，在于你的选择，这里很好，要常来。

▲ 书还是有味道的才香，感谢三联书店能够做这样一个决定，一个夜晚，我确定感受到你们的坚持与责任感。望加油，坚持！支持你们！ 2014.5.16

▲ 夜读于此，喜欢这里，我还行。　　　　　　　　　虫虫公主

▲ 与尹小雯一起来书店，很想多待一会，但有无数景点等待我们去游览，对现在人来说书籍已不是风景，可叹！

▲ 遇见更好的自己！　　　　　　　　　　　　　　2014.5.5

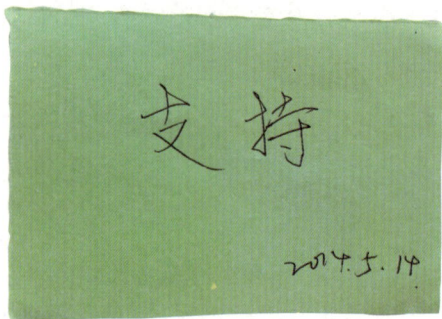

▲ 当你发现你和别人相差很多时，只有用力追赶，当你觉得过去的人、事、物在离你远去时，打起精神，加速奔跑，因为你已经看到远山，有人已经登顶。

▲ 肉足饭饱后，和老公来书店买书感觉真不错。我们可以静静地看自己喜欢的书。

▲ 我们来自广州，捧回几本好书。谢谢！

水木云榭　2014.5.5

▲ 玻璃隔开的，是俗与雅，俗是夕阳满天，雅是灯火辉煌。

2014.5.16

▲ 我始终坚信，知识改变命运。2014.5.16　　兔子口袋里的妞

▲ 比我想象中的更好！三联加油！　　　　　　　　2014.5.15

▲ 爱读书，爱生活，祝三联书店越来越好！好上加好！

2014.5.5

▲ 在喧嚣的尘世觅得一方心灵的净土。　　　　　　2014.5.13

▲ 读书人的精神家园，真是一个好书店。

▲ 今生无悔入东方，来世愿葬幻想乡。

▲ 像一面旗帜，不卑不亢招摇成长，用心生活，奋斗努力。

2014.5.5

▲ 能读到的书越多，越能感受到自己的无知与渺小。日后还会再来。　　　　　　　　　　　　　　　　　　Billy 5.8

▲ 贵店辛苦，尽量每次都不空手回。　　　　　　　　李静

▲ 愿书籍能够滋养我们的灵魂，沐浴知识的海洋。　2014.5.3

▲ 祝美丽的三联书店越办越兴旺！　　　　　　　　老高

▲ 夜空中最亮的星指引我前行，馨香于心。　　　　2014.5.5

▲ 夜晚在异乡的书店有着说不出的兴奋！　　　　2014.5.10

▲ 文艺是最温柔但也是最激烈的抗争，珍视文艺，热爱生命。

Kiki

▲ 静静地，享受读书的乐趣。　　　　　　　　　　2014.5.3

▲《衣食亦有禅》这本书不错，大家一定要找一找它到底藏在哪儿。

▲ 第一次相遇，很美丽，期待下一次。　　　　　2014.5.10

▲ 支持，愿长久。　　　　　　　　　　　　　　2014.5.19

▲ Reading make the full man.　　　　　　　　F.Bacon

▲ 做一只会思考的蚂蚁，努力为我的未来添砖加瓦。

2014.5.14

▲ 老婆你一定要跟我来呀，我们一起半夜看书。 2014.5.11

▲ Christian，I want to be with you here ,reading and talking all night.

Yun

▲ 慕名而来，发现三联书店除了 24 小时营业外，并没有与海淀图书城有何区别，直到看到这面墙，才明白三联除商业模式外，还承担了更多社会责任。

2014.5.13

▲ 一直以为自己不喜欢读书，每次看书也大部分是因为觉得该补充点文化，偶然穿街过巷来到李总理来过的三联，一头扎进来，突然涌起阅遍千万书册的雄心壮志，能有一群人，一片土可以让我们忘了时光，不为生计东奔西走，不为名利汲汲营营，不悲伤分离，不感伤时光。

2014.5.15

▲ 在纷扰的琐事之外，觉得能使心灵沉静、放松的净土实属不易，三联则是其中之一，每次有空来访都深感亲切，愿自己在忙碌中不忘求知求实的初心。

2014.4.6

▲ 这是我第一次来夜读，想着大概之前过得太堕落，都不记得上次静下心读书是什么时候。当灯光太亮，会忘了不觉已至深夜。我会拾起来。

2014.5.6 Iris

▲ 从十二点半来到这里，现在已经是下午 4:50 了，庆幸在这么安静的环境下，我看完了六六的《女人不强天不容》。很多值得回味的句子，希望同为女性的你，也可以看看。 2014.5.16

▲ 真的非常喜欢这里的氛围，这里也带给我太多的感动，爱这里，以后会带着爱的人一起来这里读书。 2014.5.17

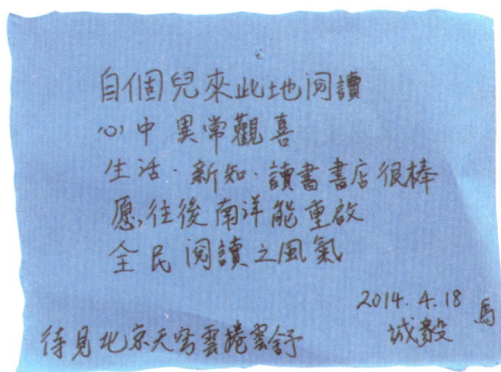

自個兒來此地阅讀
心中異常歡喜
生活·新知·讀書書店很棒
願往後南洋能重啟
全民阅讀之風氣

2014. 4.18　诚毅　写

　　徐見北京天窮雲卷雲舒

▲ 自个儿来此阅读，心中异常欢喜，生活·读书·新知三联书店很棒，愿往后南洋能重启全民阅读之风气。

马诚毅　2014.4.18

▲ 很好，继续办。你办事读者放心。

▲ 今天心情不佳，书店令我心情平静了下来，浓郁的书香浸透了我整个心灵，一切烦恼烟消云散。The day very happy!

2014.5.6

▲《我这辈子有过你》多次翻起，却从未细读，今晚竟坐在台阶上看完了。

2014.5.13

▲ 今天是和老公认识一周年的日子，我们来到三联书店，时针仿佛回拨到300多天前，那时我们刚交往不久，在等电影开始前，到纸老虎书店打发时间，站在临近的书架，看着各自感觉有趣的书，我们事后都觉得，那种美好像回到大学时代，如今我们结婚，被生活的家长里短占据大部分时间，读的书越来越少，有的也是胎教，像今天这样静静地看书，是这样的平静，感恩这种，希望以后继续，暮年之后，静坐观望，相互感叹，岁月静好，感恩有你。

▲ 大家都在看书，真好！

▲ 感谢三联为我们提供这样一个地方，与时空相遇，与未知相遇，更与伟大名人隔空交流。PS：人生第一志向：开一间书店，买下所有喜欢的书！ 张池　2014.5.19

▲ 在此两个小时，真不舍离去，不知何时才能再来。

Larry　2014.5.27

▲ 阅读是一种信仰。 2014.5.25

▲ 人生第 N 个志向，开一间三联这样的书店，装满自己喜欢的书。

▲ 我应该早些来的，但是遇到了就不晚！ 2014.5.24　21:30

▲ 夜已深，人未眠，朋友困。其实不想走，其实我想留，再会，三联。 良　2014.5.30

▲ 大赞三联书店，店员辛苦了！ 2014.5.10　陈小胖

▲ Reading is fun!

▲ 最后一个六一节，过得好有意义呢！24hour 蛮辛苦的呢~

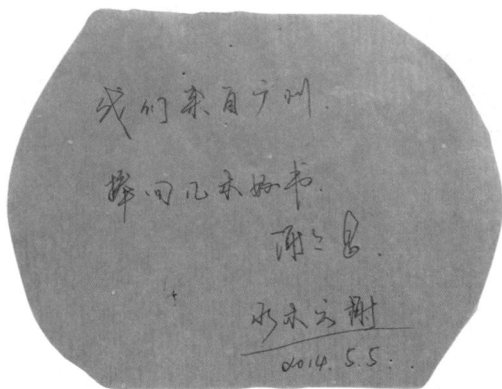

▲ 读书随处净土，闭户即是深山——祭奠大学那些日子

2014.5.18　Sean

▲ 书卷多情似故人，晨昏忧乐每相亲。　　　　2014.5.18

▲ 第二次来这里，每次都能发现一些很对我胃口的书，我会常来的！　　　　　　　　　　　　　刘然　2014.5.22

▲ 人生中第一个北京之夜，毫不犹豫选择三联书店，这种埋在书里的感觉清净，享受。

▲ 特别好，很久没有认真看过书，谢谢你们给我机会，我知道夜间工作很辛苦，望坚持。

▲ 这是次华丽的邂逅，三联，一个可以追求心灵安宁的地方；三联，有一种神秘的力量能使人奋进，希望你能坚持下去。我心与你同在，也许我们还能在这收获一次令人难忘的邂逅之旅。

5.24

▲ 人生第一次的北京之行，南锣鼓巷之后来到传说的24H三联书店，给我的感觉：她像书店，但又不苟同或者拘泥于传统书店，有特色，希望三联韬奋书店能走得很远！

王世强　2014.5.27

▲（楹联）聚挚爱亲友擎三联大旗，汇中外古今著文明传承。源远流长。

▲ 兹乃心灵归航之首选！一书一世界，以文会友。树影儿婆娑雨丝刷刷，酷爱夜读的书友忘却回家。不，这儿——三联，才是我们的精神世界心灵之家！

▲ 王老世襄先生之人品乃为天下后辈学习楷模。

▲ 今日见到崔永元，很高兴。

▲ 儿童节第一次来，可惜书太贵，能送我一本就好。

2014.6.1

▲ 想从早读到晚，什么也不多想，晚上睡到天亮，继续读。

▲ 书中自有颜如玉，读书还是三联好。　　　　烧肉粽敬上

▲ 都说书之所在是避难所，我来了，救赎自己。

▲ 因为书，我看到了许多人，更了解自己，今夜无人入眠。

▲ 第一次慕名而来，深深地被这里的气氛所吸引，很喜欢这里的书籍分类以及书本身，在北京能有一个静心读书之处实为一宝地，以后常来。

▲ 座位太少了。

▲ 精神的力量可以陪自己走过最黑的夜，书籍就是这力量的源头，我相信有一天我会遇到另一个自己，第一次来三联。

▲ 这里有 24 小时不眠的灯光，三联，真正爱书人的精神家园。

大仙

▲ 骑车两小时终于到了这家向往了很久的书店，愿用书本充实灵魂、武装头脑。

▲ 感谢这样一个书店，安静，隔绝喧闹，在这里我相信每个人的灵魂都得到了升华，希望你们坚持 24 小时营业，让所有空虚的人在这里得到精神的食粮。

北京四中学子

▲ 我在三联，我在想你。

弗兰克

▲ 博士即将毕业，但与书为伍，享受智慧的日子永随，加油。

▲ 我是第一次来，我很喜欢来，我会再来的，谢谢夜班叔叔阿姨。

糯糯　2014.5.24　23:00

▲ 来北京一次重要使命，就是拜访三联书店。凯　2014.5.30

▲ 我很喜欢看书。　　　　　　　　　　　果栗　2014.5.22

▲ 会再过来读书！　　　　　　　　　　　　　Erisa

▲ 好读书，读好书。读书破万卷，下笔如有神。　王嘉怡

▲ 太好啦，十年来我的闲暇时光，都是交给了好友三联。现在更好了，她24小时随时可以安置我的闲暇时光了！感谢！

▲ 我在三联书店等你来北京！　　　　　　　　2014.6.1

▲ 如果你觉得现在走得辛苦，那就证明你在走上坡路。

2014.6.4

▲ 从半远不远的地方来，专门为三联而来，嗯，不虚此行。

2014.5.10

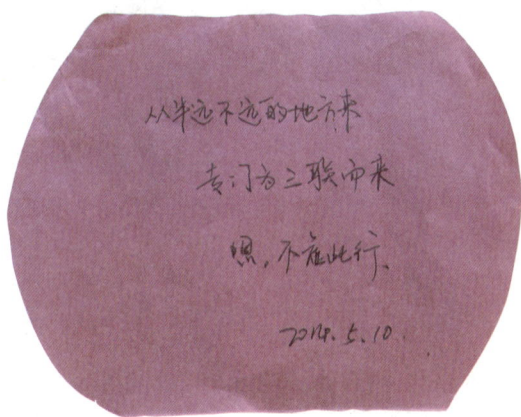

▲ 相当可以，真是不错！

▲ 24小时书店点赞，但希望有一些搞笑的书。

▲ 伟大的创意、全新的生活、多彩的人生。

▲ 生活中不仅有社交和工作，更要有书的陪伴。

2014.6.1　veronica milliam

▲ 我会回来的！！第一次进一家不想走的书店。　2014.6.2

▲ 风雨自狂，读书不辍！

▲ 此刻这里变成了全世界。　2014.6.6

▲ 享受气氛。　2014.6.4

▲ 这里的每本书都是我的最爱，在这里待了许久，却迟迟不肯离去。　2014.6.1

▲ 端午节来到此处读书，不知不觉四个小时已逝，下次再见。

2014.6.2

▲ 24小时书店，点10086个赞！　2014.6.6

▲ 在书页间，万物各得其生，心境各得其所。

风中过客　2014.6.4

▲ 韬奋书店，我喜欢！书是明镜，照亮胸怀！

2014.6.4

▲ 书店不错，有WIFI，感谢！

▲ 好喜欢读书！

喻一雯　2014.6.2

▲ 浓浓书香味，静静读书人。　2014.6.1

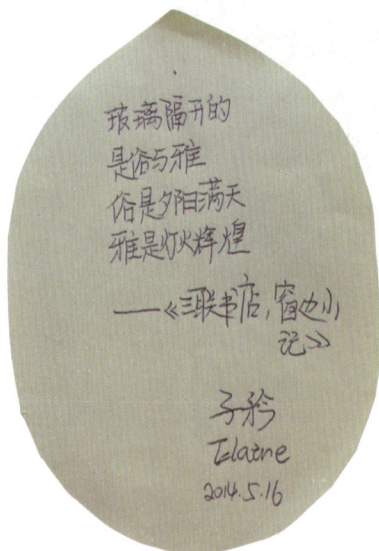

玻璃隔开的
是俗与雅
俗是夕阳满天
雅是灯火辉煌
——《三联书店，窗也小记》

子於
Tolacne
2014.5.16

▲ 夜读第三天，"困成狗"状态还在持续！坚持！加油！

▲ 会生活，乐读书，得新知。在浮躁的京城保一缕心灵慰藉。

▲ 第二次和小伙伴来，很开心，像回到了家。记得第一次来还是通宵营业第一夜时，那一整夜浸泡在灵魂的海洋中真是难忘而美妙的体验。我想以后当自己觉得累或是浮躁的时候，一定会再回到这里——家的港湾。　　　　　　　　　　　2014.6.2

▲ 今天和一个好朋友一路唱歌找到这里，或许唱歌读书旅行才是我们年轻人存在的方式，记录一下今天的心情。　　2014.6.2

▲ 再次来三联，读：1. 龙应台《野火》，2.《极简欧洲史》。尤其引人入胜！

▲ 三联书店做的这个"24小时"悦读，我觉得很好！我在看了好长时间后，希望三联书店办得越来越好！　　小晃　2014.6.1

▲ 今天第一次来，很是震撼，在数的世界中，我们都是渺小与天真的，愿日后有更多的读书时间。静思慎行。

　　　　　　　　　　　　　　天宇星　2014.6.1

▲ 每次去台北我都去诚品，每次离开诚品心里都感叹，大陆什么时间也有间24小时不停业的书店，也有祥和的书香！感谢三联书店，让我不再感叹让中国文化有一盏不灭的灯。

▲ 已经是第三次来到这里，每次来都会给你留言，但你还没看，就被换掉了，亲爱的，现在你也带东南亚的团了，更是没时间来这里吧？我还会来，期待在这里与你相遇，敦煌的明信片不知你收到了否？我想陪你完成梦想，我想和你携手白头，我去找

寻每一个你走过的足迹，想象着你那时的心情。我爱你梁波，即使你不知道这一切。　　　　　　　　　　美慧　2014.6.5

▲ 博雅闲詰聚厅堂
　　爱慕琅嬛好文章
　　三皇五帝至而今
　　联合民众治天下
　　自古豪侠多孤高
　　由衷直言盛誉嘉
　　大典圣第傲韵华
　　美轮诗词咏春烁
　　琴乐千寻知音觅
　　瑟振万仞几度在
　　和风细雨苗木旺
　　簫鸣鼓声国邦兴
　　壮观景致凭栏阅
　　志向远谋须描摹
　　凌空楼阁飘飞花
　　云蒸霞蔚店成家

祝贺：三联，百尺竿头，更进步！

　　　　　　　　　甲午年春夏　Ankailee　敬呈

灵魂驿站

▲ 想从早读到晚，什么也不多想，晚上睡到天亮，继续读。

2014.6.1

▲ 我和我的好朋友第一次来，窗外下雨，室内静谧，愿世界安好。

利青和慧琳 2014.6.1

▲ 好开心，我们仨就读一夜的书吧！ Caurel 2014.5.30

▲ 炎炎夏日何处去，三联书店好读书。 金龙 2014.5.31

▲ 第一次慕名而来，深深地被这里的氛围所吸引。很喜欢这里的书籍分类以及书本身，在北京能有这样一个静心读书之处，实为一宝地，以后常来！ 无维 2014.5.31

▲ 很赞这里的环境。不来三联，妄称读书十余载，一定来这享受一次午夜与书相遇的情怀！ 张海斌 2014.5.27

▲ 骑车两小时，终于到了这家向往了很久的书店，愿用书本充实灵魂，武装头脑。 2014.5.30

▲ 这里有24小时不眠的灯光，三联，真正爱书人的精神家园。

大仙

▲ 精神力量可以陪自己走过最黑的夜，书籍就是这力量的源头，我相信有一天我会遇到另一个自己。 2014.5.27

▲（楹联）大家风尚 才高八斗铸文章雅俗皆成正果 学富五车汇古今中外贯通博兴

▲ 三友高雅松竹梅，诗书画联品天下 赞贺三联再树新立意

▲ 你，三联，智慧文明宝库，众多书迷心向往之，三联，在甲午季莺飞花开时节的京城之夜，燃亮起文明知识火炬，把正能量传递，无穷大！！！

▲ 昨晚真是个美好的夜晚，谢谢了这个书店。

林树浩　2014.6.9

▲ 十分感谢刘书记给了我们团委文化沙龙活动，使我了解到读书的力量，也希望我在此为您选一本书。　　　田帅　2014.6.8

▲ 我想有一天，我有一本诗集，有一部小说，有一本散文也能出现在三联的书店里，并且是三联出的。　　　艾丽　2014.5.7

▲ 你们书很好看，我喜欢公主书，你们多进点。　　　章冰瑜

▲ 从正午到日落，与白发苍苍，黄毛童幼，于字里行间，相视一笑。
2014.6.7　Elegant

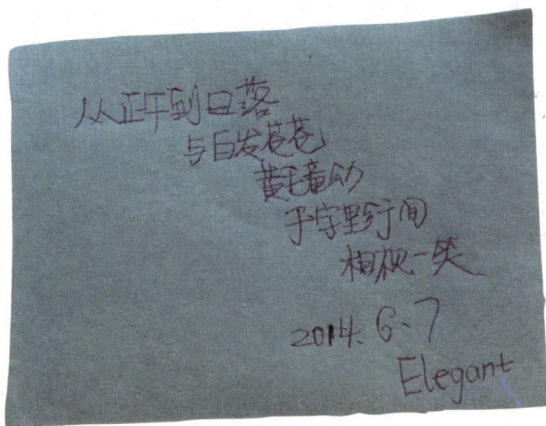

▲ 看会儿书，挺好！　　　　　　　　　　　　　　　尚振宇

▲ 2014 年 6 月 7 日凌晨，这儿是座安静的不夜城。　　灿灿

▲ 浮生若梦，半梦半醒的状态下，读了一本关于儿时与阿嬷生活的温馨小品。
2014.6.7

▲ 读书，是为了遇到更好的自己！ 韩永超 2014.6.6

▲ 这里可以看 24 小时的书，好好！ 2014.6.7 崔妍

▲ 我一直在攒钱，可是没攒够。你们帮我留一本好吗？攒够了我就来买。 糯糯 2014.6.7

▲ 基本每天都来吸取营养，谢谢！ 2014.6.6

▲ 在最心烦意乱焦躁不安的时候，这里可以给人带来平静安定，以及内心的充实和满足。

▲ 6 月 6 日晚和胡萝卜先生夜骑至三联韬奋书店，好开心。

瑶瑶

▲ 我喜欢看书。 踪清扬 2014.6.7

▲ 在这安静的夜晚，享受到了一段美妙的时光，谢谢你，在这偌大的北京为我亮起一盏灯，留下一个位置。

▲ 此去经年，后会有期。 2014.6.4

▲ 一整个晚上，精神总是提不起来，可能是前一天晚上没睡好，这次来一直犯困。身体吃不消，感觉辜负了这些书，巨爱三联。 Leah 2014.6.5

▲ 祝愿：学习成为兴趣！读书成为习惯！ 2014.6.3

▲ 今天来买书，一眼就看见自己一直想买的书，很开心，以后一定来通宵看书。

▲ 今天是第一次来这个书店，看到这么多，很开心。三联是一个非常有品质的书店。

▲ I've gotta to get a place to release myself, thank you。

Victoria 2014.6.7

▲ 尊敬的三联书店工作同仁们：送上世界杯期间我国大使馆观赛小食品——越南炒糕，类似中国肉饼——大家分别尝尝吧，一定收下。保重！顺祝好！ （越南）阮兆均

▲ 今天是我生日，看了龙应台《孩子，你慢慢来》还差20页，这本书太贵了，想想本月的信用卡账单，我还是决定把它留在这里。有的时候选择也能是一种美好，所以我刻意不看完它，等到下一时刻，我再想起，再来复读，也许又是另一番意境。

后　记

　　三联韬奋 24 小时书店在推进全民阅读的浪潮中应运而生，它是国家政策扶持、各级领导关心、三联书店强力支持、三联韬奋书店店员工辛勤劳作的共同成果。作为反映这一成果的《三联韬奋 24 小时书店诞生记》，同样是集体项目，收在书中的文字，包括总理贺信、嘉宾发言、众多报道和评论文章以及数百条读者留言，无一不是心血和智慧的结晶，汇在一起，便是众多心血和智慧的凝聚。

　　李克强总理对三联书店的关心由来已久。2012 年三联书店隆重举办创建八十周年店庆，李克强总理在贺信中说："我是三联书店多年的读者，也曾经常在三联韬奋书店的书丛中流连并购书，自然有一份情感。""希望三联书店秉持传承，面向未来，努力打造读者喜爱、积淀深厚的百年文化品牌。"这次给三联韬奋书店员工的回信，赞赏 24 小时不打烊书店这一创举，进一步对我们的工作提出鞭策和鼓励。三联人对此铭记在心并会付出切实努力。

　　中央宣传部副部长吴恒权，国家新闻出版广电总局党组书记蒋建国，北京市委常委、宣传部长李伟，中国出版集团公司总裁谭跃、副总裁李岩，著名作家王蒙对三联书店创办 24 小时书店予以充分肯定，并参加了 4 月 23 日三联韬奋 24 小时书店揭牌仪式。他们是 24 小时书店诞生的见证者。几位嘉宾的发言被收入

"见证者言"，相信读者会从中得到启迪。

三联韬奋 24 小时书店创办后，引起重大社会反响，社会各界对这一重要文化事件高度关注，许多有识之士就三联韬奋 24 小时书店和 "24 小时书店现象" 纷纷发表评论文章。我们收入了目之所及的一部分，支持的、反对的、不同的意见，只要言之成理，我们都兼收进来，以供读者参考。

特别要感谢新闻媒体的朋友们，他（她）们对三联书店创办 24 小时书店投入前所未有的热情和无与伦比的关心与支持。一时间几百家媒体云集，其中有国内媒体，也有国外媒体；有主流媒体，也有非主流媒体；有传统媒体，也有新兴媒体；有综合性报刊，也有专业性、行业性报刊，而且大多数在节假日和晚上采访，后半夜时分到店采访的也大有人在。他（她）们的报道，扩大了三联韬奋 24 小时书店的影响，为书店聚拢了人气。遗憾的是限于篇幅，我们只能收录其中一部分，敬请媒体朋友们谅解。

最使我们感动的还是读者的拥趸和持久的支持，旺盛的读者热情、持续不断的客流、暖人心扉的鼓励，使我们具有不断提升的动力和长期坚持的信心。书店留言墙上一片一片留言，汇聚成温暖的海洋，捧读使人心生暖意。我们将其采撷到书中，保持原汁原味原生态，让更多的人去体悟众多读者散落在点点滴滴话语中的真情实感。

本书的编辑出版，同样也是众人共同努力的结晶。责任编辑鞠晓辉不辞劳苦，做了大量整理工作，使本书更加充实和完善。美术编辑蔡立国精心构思，为这本书设计了引人注目的封面。责任印制卢岳就版式、开本、用纸献计献策，并亲自下厂监印保证质量。三联韬奋书店的员工加班加点整理读者留言，校对科的同志在很短的时间内完成校对任务，各个环节都为本书的顺利出版提供了帮助。本店詹那达、孙桂臣、秦玉琛等同事也为本书出版做出了贡献。在此书即将付梓之际，特对上述予三联韬奋 24 小时书店创办给以支持和对本书出版提供帮助的各位领导、作者、读者朋友以及店内同仁一并致以诚挚的谢忱。

由于出版时间所限，本书中所收入报道和文章的作者尚有一部分未取得联系，我们将继续联系作者，也烦请作者在见到本书后主动联系本书责任编辑鞠晓辉，电话：010-84026627，以便奉上样书和稿酬。

"当城市进入午夜，书店便是灯火"，让我们来共同呵护三联韬奋 24 小时书店这盏点亮夜幕的明灯。

编者
2014 年 7 月 1 日